JN060610

# 社会科教育と群馬

山口幸男
佐藤浩樹
植原督詞
群馬社会科教育学会

【編】

学 文 社

# は し が き

　本書『社会科教育と群馬』は群馬社会科教育学会設立10周年を記念して企画し刊行したものである。群馬社会科教育学会は，群馬県を基盤にして群馬の社会科教育の発展，ひいてはわが国の社会科教育の発展に寄与することを目的にし，年1回の大会開催，年1回の例会開催，年1冊の学会誌（『群馬社会科教育研究』）発行を主な活動としている。本学会は独立した自由な民間の組織であり，群馬県には社会科教育に関するこの種の学会的議論の場はなく，本学会はその貴重な場になっている。それだけに運営は容易なことではないが，会員はじめ，多くの皆様のご支援ご協力を得て，10年間にわたり活動を続けることができた。

　この間，プロジェクト研究として，『小・中学校社会科における群馬県学習のカリキュラム開発に関する研究』を行い，その成果を2019年8月，全223頁の冊子として刊行した。これは自県学習（自都道府県学習）カリキュラムの開発の必要性をわが国で初めて提起したものであり，日本社会科教育学会，全国地理教育学会などの全国大会においても発表し，注目された。このプロジェクト研究が本書編纂の基盤の1つになっている。

　第1部では，社会科教育の理論的・基礎的研究として4本の論考を掲載した。上記の群馬県学習，自県学習，郷土学習等に関わるものである。

　第2部には，社会科教育の実践的研究として8本の論考を掲載した。小学校2本，中学校3本，高校3本である。

　第3部では，群馬の社会科教育研究の特色を示す6本の論考と，付記として『群馬社会科教育研究』総目次（第1号〜第10号）を掲載した。

　本書の掲載論考数は合計18本となる。これらは主に，会員に原稿を公募し，投稿いただいたものに基づいている。投稿者の皆様に心から御礼申し上げます。

本学会の研究レベルは決して高いとはいえないだろうが，一地方の民間の社会科教育学会活動の1つの事例を全国的に示したという点で，本書は少なからぬ意義を持つものと考える。読者の皆様方のご教示・ご鞭撻をいただければ幸いである。

　本書出版にあたり，株式会社学文社，並びに細部に至るまで丁寧な編集の労をお取りいただいた編集担当者の落合絵理氏に厚く感謝御礼申し上げます。

2022（令和4）年9月

群馬社会科教育学会会長，群馬大学名誉教授

山口　幸男

# 目　次

# 第1部

社会科教育の
理論的・基礎的研究

# 1 小・中学校社会科における群馬県学習カリキュラムの開発研究

## 1 はじめに

　わが国の現在の社会科カリキュラムにおいては，自市町村（身近な地域）の学習に比べると，自都道府県（以下，自県）の学習（以下，自県学習）は必ずしも十分とはいえず，特に中学校では自県を扱う単元自体が存在しないという状況にある。そのため，児童・生徒の自県についての認識は低い段階に止まっている。児童・生徒の人間形成における意義，人々の社会生活における意義という点からみると，自都道府県の学習が持つ意義はきわめて大きく，自県学習の充実を図っていくことが今後の社会科教育における重要な課題であると考える。群馬社会科教育学会では，自県（群馬県）学習カリキュラムの改善・充実を目指したプロジェクト研究を進め，その成果を『小・中学校社会科における「群馬県学習」のカリキュラム開発に関する研究』（全223頁，2019.8）として刊行した。本章では，その研究において構想した「群馬県学習」のためのカリキュラム案を提示する。小・中学校社会科を一貫する自県学習改善の試みは従来存在せず，本研究プロジェクトはわが国初の試みといえるものである。

## 2 自県学習の重要性

### (1) 自都道府県学習（自県学習）の意義

　社会科学習において自都道府県に関する学習（自県学習）はどのような意義を持っているだろうか。このことについて，「地方制度」「歴史的側面」「住民意識・所属意識」などの側面から考察する。

## ① 地方制度の面から

　わが国の地方制度は，国家の下に「都道府県―市町村」という二重の制度・組織から成り立っている。国家は，現代世界において一人の人間に対して国民・住民としての存在を法的に認め，位置づける最も基本的な組織・制度である。都道府県と市町村は，国家の中にあって制度的なまとまりを持ち，主体的に活動を行う地方公共団体である。都道府県と市町村とを比べると，都道府県のほうが面積・人口・活動内容等の規模がはるかに大きい。また，都道府県は政治的，文化的，スポーツ的等々の諸側面において，国家と直結する位置にある。地方から見た場合の国家的・全国的活動への関わりは都道府県という枠組みを通して行われることが一般的である。よって，都道府県は国家的・全国的な活動を展開する際の基盤点であり，地域代表者という存在である。これに対して市町村は国家とのつながりという点では，都道府県より弱い。

## ② 歴史的な面から

　都道府県という地方的枠組みは明治時代の廃藩置県によって誕生し，明治20年代にほぼ確定し，今日まで約130年の伝統を有する地方制度的範域である。さらに都道府県は古代律令国家の地方制度である「国」と関わりがある。「国」の範域は時代によって変化してきたが，都道府県の範域と重なる場合が少なくないことを考慮するならば，都道府県は一層長い歴史的伝統的基盤を有する範域といえよう。これに対して市町村の範域は，度重なる市町村合併によって大きく変化し，不安定的である。

## ③ 住民意識，所属意識の面から

　住民との日常的直接経験的な関わりという点でいえば，市町村は児童・生徒にとって最も馴染みのある最も身近な地域といえる。しかし，都道府県においても直接経験的関わりはかなりあり（行政），間接経験的な関わり（情報）という点を加えれば　住民意識や所属意識は市町村以上に大きいといってよい。

　都道府県と市町村はどちらも住民にとって自己の「郷土・地域」として意識されていて，住民は都道府県と市町村の両方に対して郷土意識・所属意識を持っている。このような郷土意識・所属意識の形成には学校教育（特に社会科

教育）において，自市町村の学習，自都道府県の学習が行われていることも強く影響している。住民は，自己の都道府県（郷土）を基盤として，より広い地域（国）と関わるとともに，自己の市町村（郷土）を都道府県の一部として認識しているといえよう。

　このように，住民の意識・行動は都道府県を核として展開している。特に，成人，社会人になってからの都道府県への所属意識，アイデンティティは，上記の地方制度的側面が作用し，子ども（児童・生徒）の時期よりも一層大きいものがあると思われる。

### ④ 都道府県学習の意義

　都道府県は，その規模，国との関わり，歴史的伝統的基盤，所属意識という観点から見て，住民にとって最も重要な地方的生活単位である。簡潔にいえば，人間（住民）は自己の都道府県において郷土的な活動を行いつつ，その上に立って，国家的・全国的な社会的活動を行っている（図1）。つまり，自己の都道府県は，人間が社会的に生きていく上での本質的な存在基盤であるといえる。そこに，社会科教育において自都道府県についての知識・理解・態度を児童生徒が身につけていくことの必要性がある。

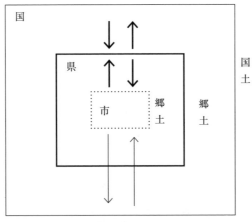

**図1　県（都道府県）の意義（概念図）**

ところが，現在の社会科教育においては，自市町村（身近な地域）の学習が重視されているのに比べ，自都道府県に関する学習は不十分であり，そのため，自都道府県についての知識・理解・態度が児童・生徒に十分に身についているとはいえない。自都道府県に関する学習の充実を図っていくことが今後の社会科教育において重要であると考える。

## （2）自県に対する児童・生徒の認識・意識の実態

　群馬県の児童・生徒の自県に対する認知度やイメージは小学校5年生でピークを迎えた後，大きく低下してしまう。自県に対する態度は小学校4年生から6年生にかけて上昇するものの，中学生になると停滞から低下の傾向を示す。（図2）（佐藤 2006）。また，小学校6年生に対する調査の結果をみると，小学校社会科の学習の中では自県学習に対して高い有用意識を持っており（佐藤2013），大学生に対する調査でも地域学習，特に都道府県に関する学習に高い有用意識が認められる（佐藤 2015）。これらの調査結果は，小学校社会科における自県学習の重要性を示しているとともに，中学校社会科において自県学習の充実が必要であることを示唆するものといえよう。

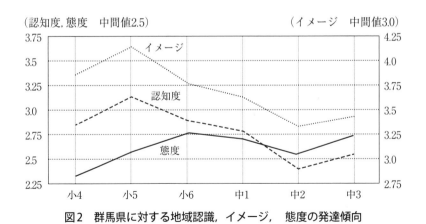

図2　群馬県に対する地域認識，イメージ，　態度の発達傾向

# 3 小・中学校社会科における自県学習の実態と検討事項

## (1) 小学校社会科の場合

　自県学習は，小学校社会科の中でこれまでにもその都度位置づけられてきたが，このたびの新学習指導要領（平成29年）においては第4学年において自県学習（群馬県学習）を行うことが明確になり，従来以上に重視されることになった。「自県学習」という点からみて画期的なことであり，高く評価できるものであろう。とはいえ，たとえば群馬県学習の時数や内容，具体的な事例地の取り上げ方など検討すべき課題も少なくなく，特に，最も大きな問題点として自県の歴史に関する内容についての確実な学習が欠如していることがあげられる。また，新学習指導要領では，「人々の健康や生活環境」「自然災害から人々を守る活動」「県内の伝統や文化，先人の働き」などの単元が第4学年の県の学習で扱われるようになったが，これらは従来は市町村の学習に関わって取り上げられていたものであり，これらを県の学習としてどのように扱うかということが課題である。また。第5学年の国土学習・産業学習や，第6学年の日本の歴史に関する学習の中において地域教材として群馬県の事例をどのように効果的に取り上げていくのかという課題もある。

## (2) 中学校の場合

　中学校においては既に述べたように自県に関するまとまった学習の機会が存在しないという大きな問題点がある。もっとも，地理的分野の「日本の様々な地域」において群馬県に関連する内容を取り上げるということはあり得る。また，「身近な地域の調査」や「地域のあり方」の単元もあるが，市町村かり狭い範囲を想定していて，群馬県学習にはなりにくい。歴史的分野では，日本史の通史的な学習の中で各時代で群馬県に関連した内容を取り上げているというのが実状である。「身近な地域の歴史を調べる活動」も，市町村かより狭い範囲が対象であり，群馬県の歴史を調べる活動とはなりにくい。群馬県の歴史を体系的に学習する機会はなく，生徒は群馬県の歴史についての知識・理

解，興味・関心を十分には持てていないように思われる。

　ところで，中学校地理的分野において自都道府県の学習が重視された例外的な時期がある。平成元年版学習指導要領の時である。それまで地理的分野のカリキュラムの中心をなしてきた地誌学習（諸地域学習）が放棄され，「学び方を学ぶ」という方法知中心の学習に転換し，日本に関する学習は47都道府県の中から3つだけ選んで学習するものになった。その1つとして自都道府県は必ず取り上げるように指定され，その結果，自都道府県の学習が本格的に行われることになった。しかし，この学び方を学ぶ，方法知中心の学習には多くの批判があり，次の学習指導要領（平成10年）では元の地誌学習に戻った。平成元年版は自都道府県の学習にとって内容的には注目すべき部分があるが，カリキュラム全体としてはきわめて例外的な扱いであり，そのまま参考とすることはできない。


## 4　群馬県学習カリキュラムの開発

　以上の考察をふまえて，小・中学校における「群馬県学習」カリキュラムの開発案を示したものが**表1**である。このカリキュラム案の特徴は，小学校4年で「群馬県学習AⅠ，AⅡ」を行い，中学校2年で「群馬県学習B」を行う点にある。


### （1）群馬県学習A

　「群馬県学習AⅠ」（全40時間）では，従来の内容に加え，県内の地域区分や県の人口などに関する内容を取り入れるとともに，事例地については県内の地域区分と関連して取り上げるなどの改善を図った。また，「群馬県の誕生と発展」という歴史的内容に関する項目を設定したことも大きな特徴である。これらを踏まえ「1　群馬県の自然的・社会的基盤」「2　群馬県の各地区の特色と生活」「3　群馬県の誕生と発展」という3つの大単元として整理した。

　「群馬県学習AⅡ」（全50時間）では，新学習指導要領の単元内容を「群馬県

の伝統文化と生活」「群馬県の人々の生活環境」「群馬県の災害と防災」の3つの大単元として整理した。

## 表1　「群馬県学習」のカリキュラム案

| 学年 | カリキュラム | | 関連学習 |
|---|---|---|---|
| 小3 | 身近な地域の学習<br>市町村の学習 | | |
| 小4 | 群馬県に関する学習（表2参照）<br>**群馬県学習AⅠ**（全40時間）<br>　1　群馬県の自然的・社会的基盤<br>　2　群馬県の各地区の特色と生活<br>　3　群馬県の誕生と発展<br>**群馬県学習AⅡ**（全50時間）<br>　4　群馬県の伝統文化と生活<br>　5　群馬県の人々の生活環境<br>　6　群馬県の災害と防災 | | |
| 小5 | 日本の国土，産業の学習 | | 地域（県・市）との関連学習 |
| 小6 | 日本の歴史，地方自治・政治，国際関係理解の学習 | | 地域との関連学習 |
| 中1<br>中2 | 地理的分野の学習<br>（105時間） | 歴史的分野の学習<br>（90時間） | 地域との関連学習 |
| | **群馬県学習B**（全20時間）<br>1　基礎基本学習（10時間）<br>　(1) 群馬県の地理（5時間）<br>　　① 位置，自然環境<br>　　② 人口，都市，交通，<br>　　③ 産業，文化<br>　　④ 県内各地の特徴<br>　　⑤ 同上<br>　(2) 群馬県の歴史（5時間）<br>　　① 原始・古代<br>　　② 中世<br>　　③ 近世<br>　　④ 近代<br>　　⑤ 現代<br>2　テーマ学習（10時間）<br>　フィールドワークを含む学習<br>　テーマは2つ程度 | | |
| 中3 | 歴史的分野の学習（35時間） | | 地域との関連学習 |
| | 公民的分野の学習（100時間） | | |

これらの大単元に含まれる小単元の内容を示したのが**表2**であり，さらに，大単元「群馬県各地区の特色と生活」の題材例を示したのが**表3**である。

表2　小学校社会科第4学年「群馬県学習A」の単元計画案（全90時間）

| | 大単元 | 小単元 |
|---|---|---|
| 群馬県学習AⅠ | 1　群馬県の自然的・社会的基盤（15時間） | ①群馬県の位置と市町村 (3)<br>②群馬県の自然環境 (4)<br>③群馬県の人口・都市・交通 (4)<br>④群馬県の産業 (4) |
| | 2　群馬県各地区の特色と生活（20時間）（表3参照） | ①中毛地区 (5)<br>②西毛地区 (5)<br>③東毛地区 (5)<br>④北毛地区，吾妻地区 (5) |
| | 3　群馬県の誕生と発展（5時間） | ①群馬県の誕生と名称 (2)<br>②群馬県の人口・都市・交通の発展 (2)<br>③その他 (1) |
| 群馬県学習AⅡ | 4　群馬県の伝統文化と生活（20時間） | 蚕糸絹文化，気候文化（空っ風文化，雷電神社），八木節，人形芝居，上毛かるた，その他 |
| | 5　群馬県の人々の生活環境（20時間） | |
| | 6　群馬県の災害と防災（10時間） | |

表3　大単元「群馬県各地区の特色と生活」の単元構成案

| 地区 | 題材例（1つか2つ取り上げる） |
|---|---|
| ①中毛地区（5時間） | 前橋市（政治的中心地），赤城山と赤城おろし，利根川の流路変遷 |
| ②西毛地区（5時間） | 高崎市（交通的・商業的中心地），高崎だるま，富岡製糸場，下仁田 |
| ③東毛地区（5時間） | 絹織物工業（桐生），機械工業（太田），国際化・外国人居住，低湿地（板倉） |
| ④北毛地区，吾妻地区（5時間） | 山地，雪国，浅間・谷川，草津，尾瀬，嬬恋（高原野菜），沼田市（地域中心都市），段丘地形 |

## (2) 群馬県学習Ｂ

　中学校段階の「群馬県学習Ｂ」(全20時間)は，基礎基本学習 (全10時間) と
テーマ学習 (全10時間) とで構成されている。基礎基本学習では地理的内容と
歴史的内容にそれぞれ5時間配当する。テーマ学習では2つ程度のテーマを選
び，フィールドワークを含めた学習を行う。基礎基本学習，テーマ学習を具体
的にどのように展開していくのかが今後の研究課題である。

　「群馬県学習Ｂ」の中学校社会科カリキュラムにおける位置づけについて
は，①「1年生の最初に位置付ける」，②「2年生の最後に位置づける」，③「3
年生の最後に位置付ける」の3通りが考えられるが，本研究では，最も効果的
で実現可能性の高い②の「2年生の最後に位置付ける」ことにした。地理的分
野と歴史的分野の既習学習の応用も兼ねた群馬県の地理・歴史の基礎基本に
ついての学習と，その学びを生かしたテーマ学習を行うものである。

　「群馬県学習Ｂ」の実現に向けての最大のネックは，20時間という時間をど
のように確保するのかということであろう。地理的分野では今回の学習指導
要領 (平成29年) で「地域のあり方」という単元が設定された。歴史的分野に
おいては地域と関連する学習が求められた。これらの時間を活用することが
できないだろうか。それでも不足する場合は総合的な学習の時間の活用が考
えられよう。

## ▍5　おわりに

　以上，自県学習の意義・重要性を述べるとともに，小・中学校社会科を一貫
する群馬県学習のカリキュラム案の概要を提示した。今後は，このカリキュラ
ム案の精度を高めつつ，授業開発，教材開発を進めていく予定である。

### 参考文献

佐藤浩樹 (2006)『地域の未来を考え提案する社会科学習』学芸図書.
佐藤浩樹 (2013)「社会科教育の意義・価値についての小学生の意識に関する研究

──小学校社会科カリキュラムの改善に向けて──」『地理教育研究』(全国地理教育学会) 第13号, pp.9-16.

佐藤浩樹 (2015)「社会科教育の意義・価値に関する大学生の意識──小学校社会科に対する意識を中心として──」『地理教育研究』第16号, pp.17-24.

(群馬社会科教育学会)

# 2 | 小学校社会科における自都道府県学習の意義とあり方

## ▌1 はじめに

　平成29年版小学校社会科学習指導要領では，平成10年版学習指導要領以降第3，4学年でまとめて示されていた目標・内容が第3学年と第4学年で分かれて示されるようになり，第4学年の学習が自都道府県学習（以下，自県学習）として位置づけられた。県全体の地理的特色と県内の特色ある地域の様子という地理的内容に加え，人々の生活や環境を支える事業や自然災害の防止という公民的内容や県内の伝統や文化などの歴史的内容も自県学習という性格が強まり，第4学年の学習が都道府県について総合的に学習する内容となった。

　小学校社会科地域学習においては，身近な地域や市区町村の学習の意義は多く指摘・強調されるのに対し，都道府県の学習の意義についてはほとんど議論されてこなかった。自県学習についての論考を見ても，大切なポイントや単元構成の仕方などが中心であり，なぜ自分が住む都道府県について学習する必要があるのかという意義やそのあり方についての研究は極めて少ない。

　そこで，本稿では，学習指導要領における自県学習の変遷を概観した上で，自県学習の意義について考察するとともに，平成29年版学習指導要領の自県学習の課題を指摘し，小学校社会科における自県学習のあり方について提案を行いたい。

## ▌2 学習指導要領にみる自都道府県学習の変遷

　自県に関する学習内容は，初期社会科の中にも若干見られるが，本格的に取

り上げられるのは，問題解決学習から系統学習へ転換したとされる昭和30年版学習指導要領からである。昭和30年版学習指導要領では，第4学年の主題が「郷土の生活」とされ，付近の町村やもっと広い地域の生活とのつながり，郷土の仕事や生活と諸条件との関連，郷土の公共施設や協働活動，郷土の交通などの内容が取り上げられている。昭和33年版学習指導要領でも，自分たちの村と県内各地とのつながり，政治の中心としての県庁所在地，自分たちの村と県庁所在地とのつながり，多くの村や県との協力等，自県に関わる内容を取り上げている。しかし，ここまでの学習は，自県に関する内容を取り上げてはいたが，郷土学習として行われていた。昭和33年版学習指導要領に「郷土という語の地域的範囲は，行政区域としての都道府県と一致する場合と一致しない場合とがある」という記述からもわかるように，はっきりと自県についての学習とはなっていなかった。行政区域としての自県学習が明確に示されるのは昭和43年学習指導要領からである。昭和43年学習指導要領以降の自県学習の内容をまとめたものが**表1**である。

　昭和43年学習指導要領では，内容（1）として市（町，村）の人々の生活と周囲の都市や村落との具体的関係，都市としての県庁所在地の特色，内容（2）として自然の様子が違い人口や産業にも特色ある県内の生活，重要な産業とこれをささえる諸条件，その将来の発展が取り上げられ，県全体の地理的特色と県内の特色ある地域の様子について学習する内容となっている。また，内容（4）で県民の生活向上を目指して行われる開発，内容（5）で江戸時代から明治，大正の頃の県内の交通，物資輸送を取り上げおり，地理的内容を中心に歴史的内容，公民的内容も含めて総合的に県について学習する内容構成となっている。

　昭和52年版学習指導要領では，県の全体的特色に関する内容が地形を扱う程度とされ，自分たちの市と自然条件が異なる県内の特色ある1，2の地域を取り上げて学習することになって，自県学習の内容は大きく削減された。平成元年版学習指導要領では，県全体の特色を捉えられないという批判から県の地形，産業，都市，交通などから県の全体的特色を学習することになったが，

**表1　昭和43年版以降の小学校社会科学習指導要領における自都道府県学習の内容の変遷**

| 年 | 学年・項目 | 主な内容 | 備考 |
|---|---|---|---|
| 昭和43年 | 4年(1)<br>4年(2) | 1. 自分たちの市の人々の生活と周囲の都市や村落との関係, 行政区画としての県の広がりや隣接する県<br>2. 都市としての県庁所在地の特色<br>3. 県庁の仕事, 県庁のある都市と県内各市町村との関係<br>4. 県内の地形の概要, 主な都市や鉄道, 人口の分布や移動, 重要な産業とその中心となっている地域の様子<br>5. 産業を支えている諸条件（地形, 気候, 資源, 交通網, 通信）, 将来の発展 | |
| | 4年(4)<br>4年(5) | 6. （先人の行った開発や現在の開発）<br>7. 県内の交通の発達 | |
| 昭和52年 | 3年(2)<br>3年(4) | 1. 県内における自分たちの市の地理的位置<br>2. 県全体としての地形の特徴<br>3. 自分たちの市と比べて自然条件が異なる県内の地域における生活の様子 | ・自分たちの市の人々に生活の特色をより明確にするための県学習。<br>・取り上げる地域は1, 2の地域に精選する。 |
| 平成元年 | 4年(3) | 1. 県内における自分たちの市の地理的位置<br>2. 県の特色（全体の地形, 主な産業, 都市, 交通網）<br>3. 県内の人々の生活と国内の他地域や外国とのかかわり | |
| 平成10年 | 3, 4年(6) | 1. 県内における自分たちの市の地理的位置<br>2. 県全体の地形, 主な産業, 交通網の様子, 主な都市の位置<br>3. 産業や地形条件から見て県内の特色ある地域の人々の生活<br>4. 人々の生活や産業と国内他地域や外国とのかかわり | ・伝統的な工業などの地場産業の盛んな地域と地形から見て特色ある地域を含めて3つ程度の地域を取り上げる。 |
| 平成20年 | 3, 4年(6) | 1. 県内における自分たちの市及び我が国における自分たちの県の地理的位置<br>2. 県全体の地形, 主な産業, 交通網の様子, 主な都市の位置<br>3. 県内の特色ある地域の人々の生活<br>4. 人々の生活や産業と国内他地域や外国とのかかわり | ・伝統的な工業などの地場産業の盛んな地域を含めて, 自然環境, 伝統や文化などの地域の資源を保護・活用している地域の中から2つ程度の地域を取り上げる。 |

| 平成29年 | 4年(1) | ○都道府県の様子<br>・自分たちの県の地理的環境の概要<br>・我が国における自分たちの県の位置，県全体の地形や主な産業の分布，交通網や主な都市の位置 | ・自然災害については過去に県内で発生したものを取り上げる。関係機関については県庁や市役所などを中心に取り上げる。 |
|---|---|---|---|
| | 4年(2) | ○人々の健康や生活環境を支える事業<br>・県内外の人々の協力 | ・県内の主な文化財や年中行事が大まかに分かる。 |
| | 4年(3) | ○自然災害から人々を守る活動<br>・県内で発生した災害<br>・県庁の働き | ・県内の特色ある地域がおおまかに分かる。<br>・伝統的な技術を生かした地場産業が盛んな地域，国際交流に取り組んでいる地域， |
| | 4年(4) | ○県内の伝統や文化，先人の働き<br>・県内の文化財や年中行事 | 地域の資源を保護・活用している地域(自然環境，伝統的な文化のいずれかを選 |
| | 4年(5) | ○県内の特色ある地域の様子<br>・特色あるまちづくり，観光などの産業の発展 | 択)を取り上げる。 |

逆に県内の事例地域を取り上げて学習する内容は削除された。一方，県内の産業や生活と外国とのつながりの内容が新たに加わった。

　平成10年版学習指導要領において，県全体の地理的特色と県内の特色ある3つの地域の様子の内容が設定され，自県に関わる地誌的学習の充実が図られた。平成20年版学習指導要領では，平成10年版学習指導要領で「伝統的な工業などの地場産業の盛んな地域と地形から見て特色ある地域を含めて3つ程度の地域を取り上げる」とされた県内の特色ある地域の学習が，「伝統的な工業などの地場産業の盛んな地域を含めて，自然環境，伝統や文化などの地域の資源を保護・活用している地域の中から2つ程度の地域を取り上げる」となり，事例地の数が減るとともにその性格が変化した。

　昭和43年版学習指導要領で重視された自県学習が，紆余曲折を経て，平成29年版学習指導要領で再び重視されるようになったという変遷が見て取れる。

# 3 自都道府県学習の意義

## (1) 目的概念からみた自都道府県学習の意義

　都道府県は，歴史的伝統的基盤，所属意識，その規模，国との関わりという観点から見て，住民にとって最も重要な地方的生活単位である。住民は都道府県において郷土的活動を行いつつ，その上に立って国家的・全国的な社会的活動を行っている。つまり，自己の都道府県は，人間が社会的に生きていく上での本質的存在基盤である。そこに社会科教育において自県についての知識・理解・態度を児童・生徒に身に付けていくことの必要性がある。

## (2) 方法概念からみた自都道府県学習の意義

　都道府県はある一定の面積と人口を有しており，自然的・社会的な特色をもったいくつかの地域によって構成される。都道府県がまとまりを持ちながらも都道府県内にはある程度の多様性が存在する。また，県庁所在地を中心とした市町村のつながりの構造も明確である。市町村は都道府県に比べて面積や人口の差が著しく，市町村内における多様性も各市町村によって大きな差があるため全国共通の学習内容が設定しにくい。都道府県は全体としてのまとまりと地域ごとの多様性とつながりが見えやすく，全体地域と部分地域の特色と関連を学ぶのに適したスケールの地域である。

　自県学習がカリキュラムに明確に位置づいた昭和43年版学習指導要領では，小学校指導書社会編において形式地域，均質地域，結節地域という3つの地域の見方と中学年社会科学習との関連が述べられている。

　均質地域については，自県学習では，第4学年の「県の産業と人々の暮らし」というような単元で，地形，気候，資源，人口，産業などの観点から，それぞれの地域の均等性，県内各地の異質性に着目して，県内の自然のちがいやそこに見られる人口や産業分布の違い，県の主要な産業を発見させる学習が行われるとある。そして，地域的特殊性と一般的共通性の両面に目を向けなければ正しい認識はあり得ないし，こうした地域の人々の共通の願いやそれを実現

するしくみや条件を考えるところに中学年社会科のねらいがあるとしている。地域的特殊性と一般的共通性を学ぶ中心的な場として自県学習を位置づけている。

　結節地域的な見方の基礎を養う学習については，「わたしたちの市とよその地域とのつながり」「県庁のある都市とのつながり」という単元で，人の動きやものの動きを中心に，具体的に異質的地域との機能的つながりを追求させたり，県庁所在地を中心とした政治的・文化的な力系的地域構造を初歩的に発見させたりするとしている。また，政治的内容を学習する場合には市町村，都道府県という行政的な地域が重要な意味を持ち，県という行政的範囲の中で自分たちの地域の生活や産業と政治がどのように関係するのかを考えていく必要があると述べられている。

　すなわち，自県学習は，地理的見方の基礎である均質地域的な見方と結節地域的見方を培うのに最も適した地域スケールの学習であり，政治的内容の基礎を学習するのに適した学習である。これらの指摘は現在においても通じるものであり，小学校社会科において自県学習を行う重要な意義となる。

## ▌4　自都道府県学習の課題と改善案

　平成29年版学習指導要領では，自県学習の充実が図られ，地理的内容を中心に，歴史的内容や公民的内容も盛り込まれた。学習指導要領解説では自県学習重視の理由は明確には示されていないが，小・中学校社会科の内容を，①地理的環境と人々の生活，②歴史と人々の生活，③現代社会のしくみや働きと人々の生活という三つの枠組みに位置づけ，①と②は空間的な広がりを念頭に地域，日本，世界と対象を区分し，小学校3年と4年の目標・内容を分けて空間的な広がりの段階性・系統性を設定したことが大きいと考えられる。

　平成29年版学習指導要領において，第4学年社会科が自県学習として位置づけられ内容の充実が図られたことは，評価できるが，人々の健康や生活環境を支える事業や自然災害から人々を守る活動などの内容を自県の事例を取り上

げて行う学習と自県の地理的概要や歴史を学ぶ学習とは区別すべきある。自県学習では，「自県について学ぶ」学習が自県学習の意義に直接対応する最も重要な学習である。「自県について学ぶ」学習を自県学習の中核とし，それと関連させて「自県において学ぶ」学習を位置づけるべきである。

　平成29年版学習指導要領の自県学習の内容構成については，以下の4つの課題を指摘し，指摘した課題を踏まえた改善案も併せて示すことにしたい。

## （1）県の地域区分を取り上げる

　第1は，自県の地理的環境の概要で取り上げる内容である。県の位置，県全体の地形や主な産業の分布，交通網や主な都市の位置を取り上げることになっているが，県という地域スケールから考えると，県内の地域区分やその特色を内容に加えるとよいと考える。

　都道府県はいくつかの部分地域に区分される。群馬県を例にすれば，中毛，西毛，東毛，北毛の4地域に区分されている。県は全体地域と部分地域の特色と関連を学ぶのに適した地域スケールであり，地域区分とその名称，各地域の大まかな特色を学習内容として取り上げたい。

## （2）地理的環境の概要に関わる内容の充実を図る

　第2は県の地理的環境の概要で取り上げる内容である。平成20年版学習指導要領と同様に地形，土地利用，都市，交通，産業となっているが，これでは不十分であると考える。以下の内容を加えて充実を図るようにしたい。

　自然に関わる内容として地形の他に気候も取り上げ，県内の自然環境の特色をつかませるようにする。人文的内容としては県の人口を取り上げるようにする。人口は県の概要として必要な内容である。都市に関しては県庁所在地を取り上げ，県内の各都市が関連しているという結節地域的見方の基礎を身に付けさせるようにしたい。そして，地形や気候，主な産業，人口や都市の分布，交通網の学習内容を県内の地域区分と関連させてまとめることで，県内各地域の特色と県全体の地理的特色を理解できるようにする。

また，県の主な産業や交通については，現在の様子とともに歴史的な内容についても取り上げ，現在の県の特色を構成する産業や交通の歴史を地理的学習と関連させて学習するようにする。これらの学習を通して，県の特色を総合的に理解するとともに地域的な見方の基礎を学ぶことができる。

## (3) 特色ある地域の取り上げ方の改善を図る

　第3は，県内の特色ある事例地を取り上げる際の視点である。事例地は，伝統的な技術を生かした地場産業が盛んな地域，国際交流に取り組んでいる地域，地域の資源を保護・活用している地域を取り上げるとなっている。県内の事例地域を3つ取り上げることになったのは評価できる。また，国際交流に取り組んでいる地域を取り上げるようになったことは，交流相手国の生活の様子に学習を発展させることができ，外国とのつながりを取り立てて扱う今までの学習から改善されている。

　しかし，3つの事例地域を取り上げる視点は以下のように整理した方がよいのではないか。1つ目は「都道府県内の自然環境から見て特色ある地域の産業や人々の生活」である。これは地理的内容を中心として取り上げる事例地である。2つ目は「国際交流に取り組んでいる地域の様子とつながりのある国の人々生活の様子」である。これも地理的内容を中心として取り上げるものである。世界とのつながりやその地域の特色や取組を学ぶだけでなく，つながりのある国の自然や人々の様子を写真などで学ぶようにして，世界地誌的学習の導入として位置づけたい。3つ目は「伝統産業・伝統文化を活かしたまちづくり」である。これは地理的内容，歴史的内容，公民的内容を合わせた総合的なものとする。

　(1)で地域区分とその名称，各地域の大まかな特色を学習内容として取り上げるとしたが，県内の特色ある事例地は都道府県の地域区分と関連させて取り上げることが望ましい。群馬県前橋市の小学校のカリキュラムを例に考えると，前橋市は県内の地域区分では中毛地区に位置するので，第1の事例地は北毛地区に属する嬬恋村，第2の事例地は東毛地区に属する大泉町，第3の事例

地は西毛地区に属する富岡市を取り上げるようにするということである。

　自分たちが居住する市町村自体が取り上げる視点を有した典型的地域である場合は柔軟に事例地を選べるようにしたり，結節地域的な見方を培うために県庁所在地を扱えるようにしたりすることも考えられる。

## (4)「県の歴史」の内容を取り入れる

　第4は，自県の歴史的内容の取り上げ方である。平成29年版学習指導要領では，地域の文化財や年中行事の内容が県内の事例を中心に取り上げられるようになり，県内の文化や伝統として第4学年に位置づき，思考・判断においても歴史的背景に注目することが示された。自県学習における歴史的内容の充実を図るという方向性は評価したい。しかし，自県の歴史に関わる内容はこれが適切なのであろうか。地域の文化財や年中行事の具体的事例は，文化財や年中行事について実物に触れながら子どもたちが調べたり，地域の人々の願いや受け継いでいる人の思いを直接聞いたりする活動が大切であり，今まで通り市区町村内の事例を取り上げる方が適切であると考える。

　小学校における自県学習における内容構成の大きな課題は「都道府県の歴史」の内容を欠いていることである。小学校段階で自県の成り立ちや変遷について基礎的なことを学ぶことが必要であると考える。自県の伝統や文化を調べたり，産業や交通などの歴史的背景について考えたりする内容を取り入れて歴史的内容の充実を図ることは大事ではあるが，自県の歴史的学習で最も必要な内容は「都道府県の歴史」である。郷土意識・アイデンティティの基盤となる県がどのように成立し，現在に至っているかについて学ぶようにしたい。内容は県の誕生の経緯や領域や名称の変化，県の人口の推移，都市の変遷や都市の人口の変化などが考えられる。群馬県を例にすると，「鶴舞う形の群馬県の誕生」「群馬県の領域と地名」「群馬県の人口と都市の変化」などの内容から構成される「群馬県の誕生と発展」という小単元を設定するようにする。

　以上の考察を踏まえて小学校社会科における自都道府県学習「わたしたちの群馬県と人々のくらし」の単元計画（35時間）を示したものが**表2**である。

表2　自都道府県学習の単元構成案（群馬県を例として（前橋市の事例））
単元名「わたしたちの群馬県と人々のくらし」（第4学年）（35時間予定）

| 小単元名 | 主な学習内容（テーマ） | 時数 |
|---|---|---|
| 大導入 | 「群馬県はどんなイメージの県か」 | 1時間 |
| 1. 群馬県の様子 | (1) 群馬県の地理的位置と地域区分<br>(2) 群馬県の地形，気候，主な産業，人口，交通網，主な都市の位置<br>　＊主な産業や交通網の内容については歴史的背景に触れる。 | 10時間 |
| 2. 群馬県の特色ある地域の様子とまちづくり | (1) 豊かな自然を活かした産業とくらし（北毛地区と嬬恋村）<br>(2) 外国とのつながりがあるまち（東毛地区と大泉町）<br>　＊大泉町とつながりのあるブラジルの人々の生活の様子も取り上げる。<br>(3) 伝統産業・伝統文化を活かしたまちづくり（西毛地区と富岡市） | 18時間 |
| 3. 群馬県の成り立ち | ・鶴舞う形の群馬県の誕生<br>・群馬県の領域と地名<br>・高崎市と前橋市の県庁所在地争い<br>・群馬県の人口と都市の変化 | 4時間 |
| まとめ | 「群馬県はどんな県かまとめよう」 | 2時間 |

# ▎5　おわりに

　自県学習は小学校社会科の基盤的内容のひとつであり，平成29年版学習指導要領において第4学年が自県学習と位置づけられその充実が図られたことは評価できる。しかし，平成29年版学習指導要領の自県学習の内容構成については課題があると考え，4つの課題と改善の方向性を示した。本稿をきっかけに自県学習のあり方についての議論が広がることを期待したい。

### 参考文献
群馬社会科教育学会編（2019）『小・中学校社会科における「群馬県学習」のカリキュラム開発に関する研究』.
佐藤浩樹（2019）『小学校社会科カリキュラムの新構想──地理を基盤とした小学校社会科カリキュラムの提案──』学文社.

（佐藤　浩樹）

# 3 社会科における「郷土愛」教育の位相
## ―郷土への「適応」と「対抗」の視点を手がかりに―

## ┃ 1 はじめに ―社会科における「郷土愛」教育―

　社会科で，地域の社会問題の解決のために知的で合理的な判断・行動のできる市民を育成することに異論はないだろう。社会科は民主社会の担い手，すなわち主権者を育成する教科であり，それは価値多元化・複雑化する現代社会でも変わることのない目標である。では，主権者育成を目指す社会科において「郷土を愛する心」＝「郷土愛」は，どのように扱われるべきだろうか。

　「郷土愛」教育とは，郷土の地理的特徴や歴史的偉人，自治体の取り組みを取り上げ，郷土の風土・歴史・政治への理解を深めるとともに，郷土を愛する心（＝郷土愛）を育む教育である。とはいえ，行きすぎた「郷土愛」教育は，郷土への帰属意識のみが目指され，社会科が重視してきた認識の科学性や子どもの主体性を失なわせ，民主的な市民の育成を阻害する恐れもある。一方，個人化が進む現代では，郷土への帰属意識の希薄化による新たな社会問題も生じている。そのため，近年では地域社会との「つながり」の重要性が認識され，「郷土愛」のような郷土への帰属意識を，再評価する動きもある。

　社会科における「郷土愛」の育成を巡っては，これまで多岐にわたる議論がなされてきたが，その位置づけが整理されているとは言い難い[1]。そこで本稿では，社会科における「郷土愛」教育の類型化を試みる[2]。「郷土愛」を育成する社会科授業と批判する社会科授業を取り上げ，それら授業がどのような態度形成を図っているか検討していく。また，郷土で理想とされる価値態度の涵養により子どもを社会に「適応」させる社会科授業と，それら価値態度を問い直し，子どもが社会に「対抗」していく社会科授業を取り上げ，検討する。そして，

これらの整理を踏まえ，社会科における「郷土愛」育成の意義と留保条件を明らかにしたい。

　なお，取り上げる授業は次の4つである。第一に，竹澤伸一氏の「ごみ問題」。第二に，魚次竜雄氏の「美濃ミッション弾圧事件」。第三に，バーバラ・ルイス（Barbara A. Lewis）氏の「産業廃棄物撤去へ向けた社会行動」。最後に，橋本康弘氏の「学校カメラ事件」である。

## ▎2 「適応」を軸とした「郷土愛」を育成する社会科

### （1）竹澤伸一氏「ごみ問題」の場合

　ここでは，社会系教科教育学会『社会系教科教育学研究』に掲載された竹澤伸一氏の「ごみ問題」の授業を分析する。竹澤氏は，地域の問題（ごみ問題）に対する「他者化の進行（＝無関係な事柄と考えること）」を課題と捉え，その克服を目指した中学校社会科授業（全4時間）の実践を試みている。実践の概要をみていきたい。

　第1時では，「君たちはごみを分別もしないし，ごみに対する関心もないと指摘されているが，どう思うか」という発問のもと，家庭や地域のごみ処理のルールや方法についての認識の確認が行われる。そして，祖父母への聞き取りから「もったいない」という言葉を聞き，自分たちのごみの捨て方の反省的吟味がなされ，「ごみの分別」の意識を高める。

　第2時では，地域の「ごみ処理」の実態の調査と，行政の取り組みの学び直しから「ごみの分別」に対する行動化の意識を高める。可燃ゴミから市の職員が古紙を探している事実やゴミ処理場の職員が日々分別作業をしている事実など，目にみえない行政の努力を知ることで，子どもの情意に訴え，「ごみの分別」への意識を高める授業となっている。

　第3時では，地域の製紙会社と家電製品リサイクル会社の取り組みが紹介される。ごみ分別の先に再生・再利用があるという事実を子どもに認識させ，企業と行政が連携することで可燃物の再資源化を図っていることを理解させる。

第4時では，地域のNPOの活動報告書を読み，企業や行政の“仕事としての行為”だけでなく，地域住民の無償の活動の実態を理解する。そして，NPOからの参加の呼びかけに対しどうするか意思決定させ，授業を終える。

## (2) 竹澤実践「ごみ問題」で形成される態度

　竹澤実践では，「ごみの分別」に関わる家庭や行政，企業，地域のNPOの取り組みを重層的に取り上げ，その「思い」に応えて「ごみの分別」の意識を内面化し，行動を促すように学習が組織されている。そのため，竹澤実践は，地域の人々の「思い」の理解を通して，郷土への帰属意識を高め，「地域の人々のためにごみを分別する」という「郷土愛」の育成を図っている。また，「ごみの分別は望ましいことである」という価値態度が，絶対的なものとして固定化されており，それを涵養することが目指される。それは，地域で重視される価値態度への同化であり，地域社会への「適応」に他ならない。したがって，竹澤実践は，地域における望ましい態度への「適応」を軸とし，地域のために行動できる市民を育てる「郷土愛」を育成する社会科授業といえよう。

## ▌3　「適応」を軸とした「郷土愛」を批判する社会科

## (1) 魚次竜雄氏「美濃ミッション弾圧事件」の場合

　ここでは，歴史教育者協議会『歴史地理教育』に掲載された魚次竜雄氏の「美濃ミッション弾圧事件」の授業を分析する[4]。魚次氏は，第二次世界大戦下で起きたキリスト教団美濃ミッション弾圧事件を取り上げ，「信教の自由」とともに，ファシズム体制の危険性を理解する授業を実践している。実践の概要をみていきたい。

　導入では，美濃ミッション弾圧呼びかけのポスターを提示し，気になったことを子どもから挙げさせ，子どもと教師のやりとりから，國體や美濃ミッション，教会の攻撃を訴えるポスターの内容が確認される。そして，この呼びかけが小学校校友会（PTA）により行われたことが説明される。

展開では，なぜ美濃ミッションを攻撃するようになったのかという教師の発問に対し，その理由を当時の資料から明らかにしていく。資料の記述から，神社参拝拒否が天皇制を否定していることを読み取り，美濃ミッションの子どもが学校から排除された経緯を確認し，地域住民による美濃ミッション排撃集会によって美濃ミッションが潰されてしまったことを理解する。

まとめでは，「信教の自由」の剥奪が，政府でも軍部でもなく普通の人々によってなされ，町全体として行われたことについて説明があり，授業は終わる。

### (2) 魚次実践「美濃ミッション弾圧事件」で形成される態度

魚次氏は，美濃ミッション弾圧事件の検討を通して，ファシズム体制が地域住民の地域への思いから形成されたことを理解させ，行きすぎた郷土への帰属意識に警鐘を鳴らす。美濃ミッション弾圧事件は，郷土への帰属意識すなわち「郷土愛」によって生じた事件であり，魚次氏はそのことを批判することで，社会科における「郷土愛」育成に批判的な立場をとる。

しかし魚次実践は，一方で異なる価値態度の形成を図っている。すなわち，取り上げる美濃ミッション弾圧事件に対し，教師の示す解釈への検討の余地はなく，「郷土愛」はファシズム体制を誘発する危険なものであるという閉ざされた態度形成である。歴史事象の非道さが焦点化され，弾圧を拒否した地域住民の姿は示されない。それは，教師とは異なる解釈を許さず，「郷土への帰属意識は否定されねばならない」という一面的な価値態度への「適応」に他ならない。したがって魚次実践は，一面的な価値態度への「適応」を軸とした「郷土愛」を批判する立場の社会科授業といえよう。

## 4 「対抗」を軸とした「郷土愛」を育成する社会科

### (1) バーバラ・ルイス氏「産業廃棄物撤去へ向けた社会行動」の場合

ここでは，唐木清志氏によって訳出・分析されている『子どものための社会行動ガイド（The Kid's Guide to Social Action）』に掲載されたバーバラ・ルイス氏

の「産業廃棄物撤去へ向けた社会行動」の授業を分析する<sup>(5)</sup>。ルイス実践は、学校の近くにある産業廃棄物の撤去へ向けて子どもが社会行動を起こし、廃棄物撤去基金の法律を制定させるものである。授業の概要をみていきたい<sup>(6)</sup>。

第1段階は、近所の産業廃棄物のドラム缶の撤去を検討し、保健局に電話をかけるが、職員には追い払われ、新たな解決策を模索することになる。

第2段階では、新たな解決策を検討のため、問題解決へ向けた調査・情報収集が行われる。産業廃棄物の危険性を住民に知らせるも、住民の「気にしていない」という反応に子どもは困惑することとなる。子どもたちは継続的な調査と市長との面会を通して、遂に撤去の約束に至るが、廃棄物処理業者の社長が心臓病を患い、片づけられないという事実を知り、再び困惑することとなる。

第3段階では、業者に代わり、誰がドラム缶を撤去するか新たな解決策の検討が行われる。撤去の責任のある保健局には資金がないことから、子どもたちは、バザーの開催や環境グループの寄付により、最終的に2,700ドルを集めることに成功する。しかし、当時の法律では保健局への寄付が許されていないことを知り、今度は廃棄物撤去の基金に着目する。子どもたちは、基金設立の法律の制定のため、議員への電話やビラ配り、ロビー活動に積極的に参加する。

第4段階では、法律を成立させ、産業廃棄物の撤去に成功し、授業は終わる。

## (2) ルイス実践「産業廃棄物撤去へ向けた社会行動」で形成される態度

ルイス実践では、産業廃棄物の撤廃のために社会行動のスキルを用いて行動し、地域全体を通した社会変革を達成しており、地域の改善のために行動をするという「郷土愛」を育成する社会科授業となっている。

しかし、同じく「郷土愛」を育成する竹澤実践と異なり、郷土で理想とされる価値態度への「適応」は目指されていない。地域住民の認識（産業廃棄物は「気にしていない」）や行政の取り組み（撤去訴えの電話を追い払う保健局）に同化せず、そこに問題があれば異議申し立てを行い、地域住民や行政と対立しながらも、ロビー活動や宣伝といった社会行動による「対抗」を図る。その意味でルイス実践は、郷土への「対抗」を軸とした「郷土愛」を育成する社会科授業

といえよう。このような社会科授業で育まれる「郷土愛」は，郷土を愛するが
ゆえに，郷土の人々や行政の過ちに異議申し立てを行い，その改善のために行
動するという態度である。[7]愛する郷土が過った方向へ進まぬよう監視する態
度を養うのが，「対抗」を軸とした「郷土愛」を育成する社会科である。

## 5 「対抗」を軸とした「郷土愛」を批判する社会科

### (1) 橋本康弘氏「学校カメラ事件」の場合

　ここでは，日本弁護士連合会『自由と正義』に掲載された橋本康弘氏の「学
校カメラ事件」の授業を分析する。[8]橋本氏は，法的問題解決力を育成できてい
ない法教育の問題を指摘し，その克服のため「学校カメラ事件」を事例とした
「法的決定」に基づく高校公民科の授業（全3時間）を実践している。実践の概
要をみていきたい。

　第1時では，喫煙事件や暴行事件を未然に防ぐため，監視カメラを学校に設
置し，生徒の発言や行動を記録できるようにした学校カメラ事件を巡り，プラ
イバシーの権利とそれに関わる状況の確認が行われ，監視カメラ設置に賛成
か反対か，その理由を含めトゥールミン図式を用いて整理する。

　第2時では，監視カメラの設置に賛成の立場・反対の立場の便益・コストの
確認を行い，監視カメラの設置の問題点について明らかにする。それらを踏ま
え，学校はどのような政策を出すべきかを考える。

　第3時では，生徒が考えた政策を発表し，その検討を通して，最終的にどの
ような政策がよいか，納得いく政策を見つけだす。最後に，学校の政策はどの
ようにして作られねばならないか考え，授業は終わる。

### (2) 橋本実践「学校カメラ事件」で形成される態度

　橋本実践は，行政の権利侵害の恐れがある政策（学校への監視カメラの設置）
を取り上げ，住民の権利（プライバシーの権利）を侵害していないか検討を行
い，その政策の存廃を巡って意思決定を促すものである。この授業構成は，尾

原康光氏の自由主義社会科と類似する。自由主義社会科は，「権力からわれわれの権利を守り，まだ承認されていない権利に関してはそれを権力に認めさせるよう検討を進めてゆくことを，目的とする[9]」。橋本実践は，権力（学校行政）から住民の権利（プライバシーの権利）をいかに守るか，吟味する授業であり，その点から自由主義社会科の授業として位置づけることができるだろう。

自由主義社会科は，「郷土愛」育成を批判する立場にある。なぜなら，「政治（権力）への参加」より，「政治（権力）からの自由」を優先するからである。そのため，自由主義社会科は「郷土愛」育成に対して「政治参加の強制であり，大いなるものとしての政治共同体への一体化を最高善とする志向である[10]」と批判する。その上で「郷土愛」とは異なる態度の形成を子どもたちに促す。それは「国家や地方行政の施策全般について，自分たちの権利を侵害するものでないかどうか監視し，もしそうであれば異議申し立ての行動をとるといった態度[11]」である。その意味で，橋本実践は，郷土への「対抗」を軸とした「郷土愛」育成を批判する社会科授業であり，そこで形成される態度は，権力による権利侵害を監視し，異議申し立てをするという批判に開かれた態度といえよう。

## ▎6　社会科における「郷土愛」教育の類型

ここまでの考察を踏まえ，社会科における「郷土愛」教育は，次の4つに類型化できる。すなわち，「『適応』を軸とした『郷土愛』を育成する社会科」，「『適応』を軸とした『郷土愛』を批判する社会科」，「『対抗』を軸とした『郷土愛』を育成する社会科」，「『対抗』を軸とした『郷土愛』を批判する社会科」である。縦軸に「『郷土愛』の育成・批判」，横軸に郷土への「適応・対抗」を設定し，整理したのが**図1**である。

第一象限に位置づくのは，竹澤実践「ごみ問題」である。行政や地域の人々の「思い」の理解を通して「郷土愛」を育成し，「ごみの分別は望ましい」という地域で重視される価値態度への「適応」を図ることから，「適応」を軸と

した「郷土愛」を育成する社会科に位置づく。

一方,「郷土愛」育成を批判する第四象限に位置づくのが魚次実践「美濃ミッション弾圧事件」である。美濃ミッション弾圧事件の理解を通して,郷土への帰属意識である「郷土

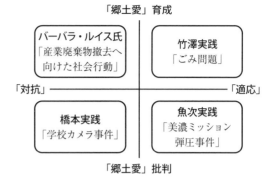

「郷土愛」育成

| バーバラ・ルイス氏「産業廃棄物撤去へ向けた社会行動」 | 竹澤実践「ごみ問題」 |

「対抗」 ———————————— 「適応」

| 橋本実践「学校カメラ事件」 | 魚次実践「美濃ミッション弾圧事件」 |

「郷土愛」批判

**図1 社会化における郷土愛教育の位相**

愛」を批判する立場をとる。その反面,「郷土への帰属意識は否定されねばならない」という一面的な価値観への「適応」を図っており,その点で,「適応」を軸とした「郷土愛」育成を批判する社会科に位置づく。

第二象限に位置づくのは,ルイス実践「産業廃棄物撤去へ向けた社会行動」である。地域の産業廃棄物撤廃問題のため社会行動を起こし,社会変革を達成している。ここで育まれる「郷土愛」は,地域住民の認識や行政の取り組みに同化せず,郷土を愛するがゆえに,郷土の人々や行政の過ちに異議申し立てを行い,行動するといった「郷土愛」である。そのため,ルイス氏の実践は,郷土への「対抗」を軸とした「郷土愛」を育成する社会科に位置づく。

そして,第三象限に位置づくのは,橋本実践「学校カメラ事件」である。行政による権利侵害の恐れのある政策の検討を通して,その政策の存廃を巡る意思決定を下す授業である。この授業展開は,自由主義社会科と同様の授業構成論に則っているため,本稿では,橋本実践を自由主義社会科として分析した。自由主義社会科は,「郷土愛」育成を批判する一方,「郷土愛」とは異なる態度形成を図る。それは,権力が市民の権利を侵害していないか監視し,そうであれば異議申し立てを図る「対抗」としての態度である。そのため,橋本実践は,郷土への「対抗」を軸とした「郷土愛」育成を批判する社会科に位置づく。

# 7 社会科における「郷土愛」育成の意義と留保条件

　最後に，社会科における「郷土愛」育成の意義を明確にしたい。筆者は，社会科で「郷土愛」育成を推進する立場にあり，授業で郷土を愛する心を育むことは，多少なりとも意識する必要があると考える。社会科は，民主社会の市民を育成する教科であり，そこで目指される市民像は，公的な社会問題に関与し，合理的な意思決定を下しながら，必要があれば社会行動を起こす市民である。そして，社会問題の解決へ向け行動する市民にとって必要なのが，その動機となる「郷土を愛する心」＝「郷土愛」である。郷土を愛する心がなければ，地域の問題に関心を持ち，意思決定や社会行動を起こす動機は生まれない。そのため，問題解決へ向けた行動には，その郷土への愛情が必要であり，その意味で，民主的な市民の育成を目指す社会科では，「郷土愛」を育成することが求められる。

　一方，「適応」を軸とした「郷土愛」育成を批判する立場は，行きすぎた「郷土愛」に警鐘を鳴らす。しかしその方法が，「郷土への帰属意識は否定されねばならない」という価値態度への「適応」であり，子どもの認識を閉ざすという点で，重大な問題を孕んでいる。郷土を愛する心情を否定する態度ではなく，郷土を愛するからこそ郷土の過ちを批判し，その改善へ向けて社会行動を起こせるような態度を養う必要があるだろう。

　また，「対抗」を軸とする自由主義社会科も，「郷土愛」育成に批判的な立場に立つ。自由主義社会科が目的とする「国家権力が市民の権利を侵害していないか監視し，異議申し立てを行う態度」を養うことは，民主的な市民にとってたしかに必要なことである。しかし，自由主義社会科が主張する“「権利」以外の問題を取り上げることは「政治的共同体への帰属」の強制であり「看過しえない問題点を孕んでいる[12]」”という主張に，筆者は賛同できない。たとえ「権利」の問題に限定したとしても，事実と価値の一元論に立つのであれば，「政治的共同体への帰属」は多少なりとも強制されており，仮に，学校教育から，「政治的共同体への帰属」の強制を取り除こうとすれば，それは「脱学校化」

へと向かわざるを得ない。地域社会を構成する成員として生まれた時点で政治参加は始まっており，その意味で社会科では，「権利」の問題だけでなく，地域の様々な社会問題を取り上げ，その解決へ向けたスキルと態度を養うことで，知的で合理的な意思決定・社会参加のできる市民を育成する必要があるだろう。[13]

　ここまでの議論をまとめると，社会科で目指される市民像が，社会問題に対し合理的な判断・行動のできる市民にあるとすれば，「自分の住む郷土をより良いものにしたい」という「郷土愛」は，その行動へ向けた動機となり得るものであり，主権者の育成という社会科のねらいの達成のためには「郷土愛」を育成していく必要があるということになる。その意味で，「『郷土愛』を批判する社会科授業」に比べ，「『郷土愛』を育成する社会科授業」のほうが，より望ましい社会科授業と言えるのではなかろうか。

　しかし，ここでの留意点は，地域の特色や学校の環境によって，「適応」を軸とするか「対抗」を軸とするか，教師は使い分ける必要があるということである。これに関して渡部氏は，地域の実情によって求められる価値態度の育成が異なることをカリキュラム・マネジメントの重要性という観点から指摘している。[14] 渡部氏は，東京都小平市と広島市を事例に，求められる価値態度の違いを説明する。例えば，小平市のような転勤移動者が多く，特別なシンボルもない地域では住民の郷土への愛着が芽生えにくい。そのような地域では，子どもにご当地キャラを作成させて応募させたり，地域のイベントの企画運営に携わらせたり，積極的に地域社会との交流を図り，「郷土愛」の育成を図るためのカリキュラムを設定することが効果的だとする。一方，広島市のようなプロ野球のカープをはじめ郷土への愛着を形成する場が巷に溢れている地域では，行きすぎた「郷土愛」が，他地域の人や自地域の少数派を軽視・排除していないか意識させ，多数派の自己満足ではないかと配慮できるようなカリキュラムを設定することを提案している。

　渡部氏の説明は，「適応」と「対抗」の使い分けの分かりやすい事例である。小平市のように郷土への愛着が芽生えにくい地域では，郷土への「適応」を軸と

した社会科授業が望ましい一方，広島市のような郷土愛溢れる地域では，郷土への「対抗」を軸とした社会科授業が望ましい。同じ「郷土愛」を育成する社会科授業であっても，地域の実情に応じて「適応」を軸とするか，「対抗」を軸とするか使い分け，教師は柔軟にカリキュラムを作成していかなければならない。[15]

## ▌8　おわりに ──開かれた「郷土愛」の育成へ向けて──

　本稿では，方向性の異なる授業実践を取り上げることで，社会科における「郷土愛」教育の類型化を行い，社会科としていかなる「郷土愛」教育が求められるかを論じた。

　「郷土愛」や「愛国心」といった価値態度に関わるテーマについて，教師はよりセンシティブにならざるを得ない。それは，子どもの思想形成，ひいては生き方にまで多大な影響を及ぼす恐れからだ。だからこそ教師は，自身の授業が子どもにどのような「郷土愛」を育成しようとしているか，社会科の目標に照らしながら，常に問い直し続ける必要があるだろう。無論，偏狭な「郷土愛」は避けられねばならない。しかし，郷土のよさに誇りをもち，郷土の過ちを正そうとする「郷土愛」は，社会科で積極的に育むことが求められよう。

注
(1)　渡部竜也氏は，「郷土愛」教育を「郷土愛 = pride（誇り）」と「郷土愛 = mind（思考判断）」から整理している。しかし，これは2009年度日本社会科教育学会春季研究会の登壇者の主張を整理したものに過ぎず，体系的な整理とは言い難い。渡部氏が述べるように「どれも郷土愛育成を前提としており，自明のものとしていた。これは今後の研究会の検討課題とも言える」。本稿は，この課題に応えることも意図している（渡部竜也（2009）「地域の何を，どのように，なぜ教えていくのか──日本社会科教育学会春季研究会「郷土愛は可能か？」の報告──」『社会科教育研究』No.108，日本社会科教育学会，pp.75-82）。
(2)　「郷土愛」教育の類型化にあたっては，社会科における「愛国心」教育を類型化した尾原康光氏の研究を参考にしている（尾原康光（2009）「自由主義社会科教育論の位相」「自由主義社会科授業の位置と構造」『自由主義社会科教育論』渓水社，pp.204-249）。

(3) 竹澤伸一 (2006)「「他者化」の克服をめざす中学校社会科公民単元の開発──公共性の議論を整理して──」『社会系教育学研究』第18号，社会系教科教育学会，pp.75-82.

(4) 魚次竜雄 (1990)「美濃ミッション神社参拝拒否事件とファシズム」『歴史地理教育』第446号，歴史教育者協議会，pp.98-105.

(5) 唐木清志 (2002)「子どもの社会行動を支援するサービス・ラーニングの教授方略：ルイス (Barbara A. Lewis) の場合」『日本福祉教育・ボランティア学習学会年報』第7号，日本福祉教育・ボランティア学習学会，pp.244-264.

(6) ルイス氏は，単元を16段階という長期的な学習として構成している。そこで本稿では，学習のプロセスが分かるように第1段階〜第4段階に学習段階をまとめた。

(7) これは米国の多文化教育学者ジェームズ・バンクス氏 (James A. Banks) が提起した「クリティカル・パトリオティズム (critical patriotism)」と呼ばれる態度であり，それは，郷土の「過ち」を正すために行動を起こすとともに，郷土の「正しさ」に誇りを持つという態度である。ジェームズ・バンクス他著／平沢安政訳 (2006)『民主主義と多文化教育』明石書店.

(8) 橋本康弘 (2001)「民主主義社会における市民育成としての法教育」『自由と正義』第52号，日本弁護士連合会，pp.42-49.

(9) 尾原 (2009)，p.237.

(10) 同上，p.237.

(11) 同上，p.242.

(12) 同上，p.245.

(13) 自由主義社会科と「政治的なもの」に関する議論は，渡部竜也氏が整理している。特に本稿における自由主義社会科に対する懸念は，渡部の論考に依拠するところが大きい。詳しくは，渡部竜也 (2009)「自由主義社会は「政治的なもの」の学習を必要としないのか──尾原康光の論考の再検討──」『公民教育研究』Vol.17，日本公民教育学会，pp.49-63を参照されたい。

(14) 渡部竜也 (2016)「社会科は「カリキュラム・マネジメント」抜きに成立しない」『社会科教育』No.692，明治図書，2016年12月号，pp.28-31.

(15) このように，学校の置かれた地域や子どもの実態など社会的な文脈を踏まえて，教師が主体的にカリキュラムを作成・実行していくことは，「教師のゲートキーピング」と呼ばれる行為である。「郷土愛」教育に関しても，社会の状況や子どもの実態に合わせて，教師は主体的な「ゲートキーパー」となることが求められる（スティーブン・ソーントン著，渡部竜也他訳 (2012)『教師のゲートキーピング　主体的な学習者を生む社会科カリキュラムに向けて』春風社）。

（植原　督詞）

# 4 | 郷土学習・郷土愛学習の基本的論点

　「郷土」は，地理教育，社会科教育の目的，内容，方法などに深く関わる重要概念である。本稿では地理学習，社会科学習における郷土に関する理論的な基本的論点11点を提示・説明し，より確かな郷土学習，郷土愛学習を着実に進展させていくための参考に供したい。郷土と類似の概念として「身近な地域」がある。身近な地域は郷土と同じ意味の場合もあるし，異なる意味の場合もある。

## 1　地域と郷土，郷土の人間的要素

　字義的定義としての「地域」とは地表空間の一部，一区画である。その区画は「ユーラシア大陸」というような広大な区画もあれば，「群馬県前橋市」というような狭い区画もある。これに対し，「郷土」とか「身近な地域」とかは，国内の特定の比較的狭い土地・空間に関わるものである。その狭い土地は，自然的要素だけで成り立つ場合もあるが，地理教育・社会科教育・郷土教育の立場からは，自然的要素だけでなく，その土地の上に展開している人間活動（人間的要素）と一体になった総合的存在として捉えられるものである。

　「郷土」は，土地と人間との間に関係・紐帯が認められる土地のことである。したがって，単なる地表の区画（地域），自然的要素だけの土地は郷土ではない。シュプランガー（1923）は，「故里（郷土）は体験しうる，または体験された，土地との全体的結合である」「故里は単なる自然と同一視されるべきではない。心の通った，最終的には徹頭徹尾人格によって彩られた自然なのである」と述べている。

かつての学習指導要領社会科においては「郷土」という用語が使われていた。昭和40-50年代から「郷土」に代わって「地域」（身近な地域）が用いられるようになり，今日に至っている。郷土から地域への転換に最後まで反対したのは朝倉隆太郎であった（朝倉 1977, 1985）。学習指導要領社会科が郷土から地域に転換した理由についてはここでは割愛するが（山口 2002），「郷土」は主体的・精神的な存在であり，客観的・方法的な概念であるところの「地域」とは異なる。筆者（山口）は「郷土」概念を復活せよと主張してきた（山口・原口 1995a, 山口 2002, 山口 2008）。よって，小学校社会科3年及び4年の地域学習，中学校社会科地理的分野の身近な地域の学習は原則として郷土学習として扱っている。郷土の定義については，「生まれ育った場所」というのが字義的定義であるが，筆者は「現在生活している場所」を郷土としている（山口 2002）。

　なお，冒頭で述べたように，「身近な地域」は「郷土」と同じ意味で用いられる場合もあるし，操作的・方法的な「地域」概念として用いられる場合もある。

## ▎2　日常的・直接的・共通的な体験

　郷土には一定数の人間（住民）が存在し，郷土社会を形成している。それら住民の間には日常生活的な接触・共通体験（近隣付き合い，生産・消費生活，公共的利用など）が，また，知覚上（視覚的・景観的等）の共通体験が見られる。そのような日常的体験の中で，住民どうしは関連性を持って存在し，共同的な生活を行い，そこに郷土の住民としての一定の共存感・一体感が生まれてくる。この共存感・一体感が郷土学習を成り立たせる重要な基盤の1つである。その程度は人によって様々であり，共存感・一体感が希薄な場合もある。

　郷土の中には産業，文化，公共などの各種施設があり，その経営・従業等に携わる人々は必ずしもその郷土に居住する人（住民）とは限らない。郷土外の人と郷土内の人との間の接触，関連性は大きいとはいえない場合もあるであ

ろう。しかし，そのような施設及びその関係者も郷土を構成している重要な存在であることに変わりはない。そう考えると，住民という概念よりも「郷土社会の構成者」という概念のほうが適切といえるかもしれない。

## ▌3　構成者の多様性

　郷土社会の構成者の職業，年齢，性別，民族は多様である。多様な人々の存在によって郷土社会は成り立っている。中でも注目しなければならないのは思想・イデオロギー上の違いであろう。思想・イデオロギーの違いによって，郷土社会の捉え方，郷土社会への期待，目指す郷土社会のあり方が異なり，そこに，郷土社会の中における対立・闘争が生まれる素地がある。「郷土は一体的ではない。地域内に存在する階級性を否定してはならない」という主張である（木本 1968）。対立・闘争こそが重要だという教育がなされることも少なくない（森本 1974）。この点は郷土学習・郷土愛学習上の大きな論点の1つであるが，この点は次のように考えたらどうであろうか。郷土社会の中で思想・イデオロギーの違い，対立があるのは当然のことであり，そのことを認めた上で，それらを調整し調和させる方法として「民主主義の原理」があるのではなかろうかということである。様々な違い・対立がありながらも，郷土社会として存在していく基盤の1つが「民主主義の原理」であり，それにより郷土社会的なコンセンサスが得られるのではなかろうか。

　思想・イデオロギーとともに，民族・人種の違いも重要な論点の1つである。郷土社会における民族・人種的対立についても，その考え方は上記の思想・イデオロギーの場合と基本的に同じである。欧米のように移民がまだ多くはないわが国では，民族・人種の違いによる対立は大きな問題とはなっていないが，郷土という狭い範囲をとると外国人居住者がかなり高い割合を占める市町村がある。たとえば，群馬県大泉町では人口41,891人（2020年現在）の約19%，7,940人が外国人人口であり（木村 2021），大泉町立西小学校では全校生徒674人（2017年現在）の約27%，180人が外国籍児童である（木村 2019）。今の

ところ民族・人種の違いによる対立は起こってはいないが，民族・人種の違い
を郷土社会として，学校教育としてどのように考えていくべきかを真剣に検
討していくべき時期にきているのではなかろうか。もちろん，その前提とし
て，移民に対する国家政策のあり方が検討課題になることはいうまでもない。

## 4　歴史・伝統

　上で述べたことは現在の状況についてである。現在は過去からの繋がりの
上に存在し，歴史的な伝統・文化・開発・人物があってはじめて今日の郷土の
姿がある。人々の精神面における伝統も大きい。それゆえ，今日の郷土社会を
考える場合に歴史的伝統が重要性を持ってくる。教育基本法において「伝統と
文化を尊重し，それらをはぐくんできた我が国と郷土を愛する……」と謳われ
ているのはそのためであろう。しかし，過去の社会は今日のような民主主義的
社会ではなかった。それゆえ，過去のすべてを否定するという考え方も出てく
るであろう。今日の民主主義原理に合致する過去だけを取り上げるという考
え方もあるであろう。歴史的内容をどのように扱うかは人によって違いがあ
り，現在の場合と同じように対立・闘争が生じる可能性がある。民族・人種的
対立の場合はもっと深刻になる。ある民族にとっては，わが国や郷土の伝統・
文化遺産などは全く無価値であり，破壊の対象にすらなる。この問題はどのよ
うに考えていったらよいのか。結局は上記3と同じようなことになろう。学校
の教師集団の中で検討し，また，教育委員会レベルにおいて検討し，その検討
の中でコンセンサスを得，それに基づいて取り上げていくということになろ
う。

## 5　郷土の範囲

　1で述べたように，郷土，身近な地域は国内の特定の比較的狭い土地の存在
を前提としているものである。そのうち，郷土は人間と土地との精神的紐帯が

認められ，住民同士の間に日常的な接触，関連性がみられ，共同的な生活が行われ，共存感・一体感が醸成される土地であった。このような土地の空間的広がりはきわめて狭い範囲であり，せいぜい小学校学区域，中学校学区域程度ではなかろうか。中学校学区域を越えると，共通体験，接触性，関連性は小さくなる。区市町村（以下，市）の範囲，さらには都道府県（以下，県）の範囲になると，一層小さくなるであろう。つまり，郷土社会が成立する原理の1つとして，「近接性」の原理ともいうべきものが強く作用しているということである。

　しかしながら我々は一般に市や県などの地方行政区域を郷土と呼ぶことが多い。日常的・直接的・共通的な生活体験は小さくとも，人々の情報的知識，行政的関わり，文化的関わりは非常に大きく，そこに間接的ながら共存感・一体感が生まれてくるためである。特に，地方行政区域は地方自治・地方行政という点において住民全体の所属意識・帰属意識を高める重要な基盤になっている。小学校3年で自市の学習，4年で自県の学習を行うことも，自市・自県に対する情報量を大きくし，共存感・一体感を高める上で大きく貢献している。これらのことから，郷土の範囲は日常的・直接的・共通的な生活体験の場を核としつつ，自市・自県の範囲までとするのが妥当である。このことを筆者等は「地名・行政区域の論理」と名付けた（山口・原口 1995b、山口・原口1999）。将来，道州制などの新しい地方行政区域が設置された場合は，そこが郷土の範囲となる可能性は高い。


## ▎ 6　目的概念と方法概念

　「身近な地域」の学習に関して，「身近な地域」は「目的概念」（目的原理）なのか「方法概念」（方法原理）なのかという議論がなされてきた。「目的概念」というのは，身近な地域の学習は身近な地域の理解のためにあるという考え方である。これに対して，「方法概念」というのは身近な地域の学習は「見方・考え方」「調査方法」などの方法知を習得するために行うものであるという考え方である。現実の学習は両者を含んだものであることはいうまでもないが，

そのどちらに重点を置くのかによって学習の意義は異なってくる。「郷土」と言う場合は目的概念を重視している。学習指導要領社会科が昭和40-50年代に「郷土」から「地域」（身近な地域）に転換したことは，方法概念重視に変わったことを示すものであった。筆者は「郷土」概念を復活すべきであると考えているので，当然，目的概念として意義を重視している。

## 7 郷土の人間形成的意義

　シュプランガー（1923）は，「故里は体験しうる，または体験された，土地との全体的結合である」と述べた。人間はその成長発達の過程において，知情意の全体的体験を必要とする。全体的体験は人間形成にとって不可欠のものであり，人格（パーソナリティ）形成の深奥に強く影響する（山口2005）。全体的体験とその人格的意味形成が最も効果的になされる場が郷土で（郷土体験），「人間というものは，大地と結ばれたこうした根元的なものを必要」としているとシュプランガーはいう。それゆえ，シュプランガーは，人格形成における郷土の意義について「ある人が故里を持っていないと語られる場合，それは彼の人格には中心点がないといわれるのとほとんど同じ意味である」と述べたのである。そして全体的体験は低年齢の時期（小・中学校期）において最も効果的になされると述べている。年齢が長ずるにつれ，知情意のうちの「知」が中心となっていくため，知情意の全体的体験が薄れていくからである。小西（2003）は，「地域共同体」を自己実現の場，即ち「自己形成空間」として意義づけているが，「自己形成空間」という概念は，上に述べた郷土の人間形成的意義にかなり近いものと思われる。

## 8 居住地の移動の郷土学習

　故里とか郷土とかは，一般的には生まれ育った場所とされるが，居住地を移動する人も少なくなく，そこで，筆者は既述のように現在住んでいる場所（現

居住地）を郷土としている。その場合に郷土意識とか人格的影響とかはどのように考えればよいのか。現居住地（郷土）に居ても，当然生まれ育った場所（故里）への親しみ・懐かしみの情は強いであろう。また，幼少期に過ごした場所がその人の人格形成に与える影響の大きいことは7で述べた。このことから考えると，人間は，生まれ育った場所（故里）と現居住地（郷土）の双方と深く関わって存在しているということになる。故里を心に留めつつ，現居住地において生活しているのが人間である。既に述べてきた郷土学習の立場からは，あくまで現居住地が郷土学習の対象となるが，その人の人格形成という点からすると，現居住地においての学習であっても，自己の人格形成には故里での体験が影響しているということを自覚させるようにすることが大事となる。ただし，わが国の場合，幼少期（幼児期，小・中学校期）においては，同一市町村，同一都道府県で生育・現住している場合がまだ多く，故里と現居住地は一致する場合が少なくないように思われる。

　一方，大人になった時は，小・中学生の時とは別の場所で生活する場合も多くなるであろう。そのような大人時の場所（現居住地）においては，子どもの時に郷土学習において学んだ郷土の意義等を想起自覚して，その自覚を現居住地において応用し活かして生活していくことが期待されることになる。

## 9　郷土学習の目的と郷土愛

　以上述べてきたことをふまえ，郷土学習の目的を整理すれば次のようになるであろう。

① 郷土は自然的要素，人文社会的要素，歴史的・伝統的要素等によって構成されていること，それらの諸要素は関連的・総合的に存在しているということを理解する。

② 郷土には多様な人々が存在し，人々は日常的に共通的な体験を有し，それらの人々によって共同的な郷土社会が形成されていることを理解し，そこには一定の共存感・一体感が醸成されているということを感得する。

③ 自らが郷土の影響を受けて成長してきたということ，自らが郷土社会を形成している一員であるということを自覚する。そして，よりよい郷土社会の形成に関わっていこうとする意識・態度を持つ。

　これらの目的のうち，地理・社会科学習の郷土学習における実際の学習量としては①の比重が大きい。これに対し，郷土愛そのものの学習の場合は②，③の項目に重点があり，①の比重は軽い（山口 2018）。こう考えると，郷土愛を直接的に学習する教科・科目は「道徳科」ということになる。とはいえ，地理・社会科学習の郷土学習も道徳科の郷土学習も最終的に目指すところが②，③であることは共通している。②，③にまで至ることが，地理・社会科の郷土学習における郷土愛の育成ということになると思われる。

## 10　郷土愛と愛国心

　小学校学習指導要領解説「特別の教科　道徳」（文部科学省平成29年6月）の第3章第2節「内容項目の指導の観点」の「17　伝統と文化の尊重，国や郷土を愛する態度」の中に，「郷土での様々な体験など積極的で主体的な関わりを通して，郷土を愛する心が育まれていくが，郷土から国へと親しみをもちながら視野を広げて，国や郷土を愛する心をもち，国や郷土をよりよくしていこうとする態度を育成することが大切である。」とあり，郷土愛と愛国心が一直線上の繋がりの中でおさえられている。郷土愛と祖国愛を連続的にとらえる考え方は戦前にはよくみられた。たとえば，石橋・別技（1937）は，地理教育の立場から，「郷土教育なるものは今や地方的郷土のごとき小さな郷土愛を基調とせず，終局に於て目ざすところはその郷土の集合たる大なる郷土即ち国家という郷土を理解し，郷土愛をしてやがて祖国愛たらしめんとする傾向がいずれの民族，いずれの国家に於ても鮮やかに看取されるのである」と述べている。このような観点も重要ではある。しかし，郷土愛と愛国心は一応別個のものとして捉えておくべきであろう。まず対象が異なる。郷土愛の学習はあくまで郷土という範囲に存在する自然，社会，文化，歴史，人物等を対象としてい

る。次に目標が異なる。郷土愛の学習の目標はよりよい郷土にしていこうというところにあり，よりよい国・国家にしていこうとするところにあるのではない。郷土・郷土愛の学習はまずは郷土・郷土愛の学習そのものとして行われるべきであろう。このことは，かつてよく批判された偏狭な郷土愛，お国自慢的な郷土愛を意味するものでないことはいうまでもない。

　郷土の実態やあり方が国家的・国際的条件の影響を強く受けることは当然のことである。したがって国・世界と切り離されたところで，郷土を論じることはできない。[(1)] しかし，郷土学習は国・世界について論じ学ぶためにあるのではない。

## ▌ 11　宿命としての郷土　─人間は郷土的存在である─

　人間は郷土と呼ばれる国内の比較的狭い土地において人間集団をなして共同的に存在している。その土地から離れ，その人間集団から逃れることは自由であるが，どこに行こうと，土地及び人間集団と絶縁することはできないであろう。このような空間的・地的な制約，人間集団的制約のもとに人間は生きているのである（和辻 1935）。これは宿命とでもいうべきものであろう。人間というものは本質的に郷土的存在なのである。その宿命をどう受け止めるか，宿命にどう対処していくかは人によって様々であろうが，その宿命の中で生きていかなければならない。とすれば，その宿命の中で，人間はどのように生きていったら良いのか。このことを学校において学ぶのが郷土学習であり，郷土愛学習である。郷土学習の目的については，項目8において既に述べた。この目的のもとにより良い郷土学習が展開されていくことが期待される。

　土地の存在を考慮せず，土地に縛られずに生きていくことはできる。そのような人々は，土地とは関係のない普遍的価値（たとえば，人権，平和，正義，自由，平等，解放など）を目指して生きていると思われる。いわゆる「市民」（地球市民），「コスモポリタン」としての生き方である。そこにおける教育はその種の人間の育成を目指して行われるのであろう。その場合，そのような人々は

「根無し草」の人間になってしまうのではないだろうか。

　本稿では，地理教育・社会科教育において郷土学習を実践する上で考慮すべき理論的な論点を11点に整理して論じた。この11点は，筆者のこれまでの研究考察をもとに導き出したものである。「児童・生徒の郷土意識[2]」，「郷土教育の歴史[3]」という論点が欠けてはいるが，重要事項はほぼ取り上げており，これにより郷土学習に関する理論的課題の全体像をほぼ摑むことができると思われる。これらの理論的論点を熟考することによって，郷土学習の実践はより確かな意味あるものになるであろう。

　本稿は，拙稿（山口 2018）の1部を大幅に修正発展させ，新たに整理しまとめたものである。本稿内容は全国地理教育学会第15回大会（オンライン開催，2021.11.7）にて発表し，『地理教育研究』第10号（2022.3）掲載のものを転載したものである。

## 注

(1) それゆえ，郷土を拠点として外に向かって発信していくこと（郷土の発信拠点性）の重要性を指摘しておきたい（山口 2005，山口 2009）。
(2) この論点に関しては，上笹・吉田・横山（1985），佐藤（2006）の論考がある。
(3) 筆者は，大正期の牧口常三郎の郷土教育論（山口 2004），昭和初期の佐々木清治の郷土地理教育論について考察した（山口 2006）。

## 参考文献

朝倉隆太郎（1977）「社会科地理教育の歩み——昭和33年度改訂中学校社会科地理について——」『地理』22-3，pp.34-37.
朝倉隆太郎（1985）「社会科教育と地域学習」，朝倉隆太郎先生退官記念会編『社会科教育と地域学習の構想』明治図書，pp.13-44.
石橋五郎・別技篤彦（1937）『地理教育論』成美堂.
上笹恒・吉田恭爾・横山十四男（1985）「『ふるさと意識』の調査」，朝倉隆太郎先生退官記念会編『社会科教育と地域学習の構想』明治図書，pp.275-296.
木村秀雄（2019）「県内外国籍児童に対する日本語指導について——JSL小学校社会科での授業実践を通して——」，群馬社会科教育学会編『小・中学校社会科にお

ける「群馬県学習」のカリキュラム開発に関する研究』, pp.113-119.

木村秀雄 (2021)「外国人集住地域の実態と社会科教育における課題と扱い――群馬県大泉町の事例を中心に――」『地理教育研究』28号, pp.50-52.

木本力 (1968)「郷土――いわゆる郷土の学習その本質は何か――」, 地理教育研究会編『授業のための日本地理』古今書院, pp.15-20.

小西正雄 (2003)「国民形成のための教育という危うさ」『現代教育科学』No.560, pp.20-22.

佐藤浩樹 (2006)『地域の未来を考え提案する社会科学習』学芸図書.

シュプランガー, E. 著, 武居泰男訳 (1992)「郷土科の陶冶価値」(原著1923)(エドゥアルト・シュプランガー『小学校の固有精神』岩間浩訳, 青山社, 所収).

森本亨 (1974)「『よごれる琵琶湖』を教えて (小4)」『歴史地理教育』No.223, pp.4-15.

山口幸男 (2002)「郷土と地域」, 山口幸男『社会科地理教育論』古今書院, pp.133-142.

山口幸男 (2004)「牧口常三郎の郷土教育論に関する考察」『群馬大学教育実践研究』第21号, pp.29-38.

山口幸男 (2005)「吉田松陰, 内村鑑三, シュプランガーの郷土教育論」, 山口幸男・山本友和他編『社会科教育と地域・国際化』あさを社, pp.98-109.

山口幸男 (2006)「佐々木清治の郷土地理教育論――郷土地理教育論の類型化も含めて――」『群馬大学教育学部紀要人文社会科学編』第55巻, pp.33-46.

山口幸男 (2008)「郷土概念の復活を希望する」『社会科教育』No.591, p.11.

山口幸男 (2009)「シュプランガーと吉田松陰の郷土教育論」, 山口幸男『地理思想と地理教育論』学文社, pp.129-135.

山口幸男 (2018)「社会科教育と道徳教育――郷土愛をめぐって――」『立正大学社会福祉学部紀要　人間の福祉』pp.157-170.

山口幸男・原口美貴子 (1995a)「社会科教育における地域と郷土」『群馬大学社会科教育論集』第4号, pp.1-6.

山口幸男・原口美貴子 (1995b)「文学作品による郷土の範囲の検討――萩原朔太郎の場合――」『社会系教科教育学研究』第7号, pp.13-18.

山口幸男・原口美貴子 (1999)「郷土の範囲に関する地理教育的考察」『新地理』46-4, pp.1-13.

和辻哲郎 (1935)『風土――人間学的考察』岩波書店.

(山口　幸男)

# 第2部

■■■■■■■■■■

# 社会科教育の
# 実践的研究

# 1 小学校社会科第4学年における歴史的観点からみた群馬県の学習
## ―小単元「群馬県の誕生と発展」の開発と実践―

## 1 はじめに

　小学校第4学年の自県学習では，都道府県の位置，地形や産業の概要，県内の特色ある地域など，主に地理的な内容を扱っており，現在の社会が築かれるまでの経緯やある事象の変遷など，歴史的な内容，歴史的な視点から事象をとらえることはあまり行われていない。現在の社会は，先人の努力の積み重ねによるものであり，歴史的視点から社会をとらえることで，現在の社会についてよりよく理解できるようになると考えられる。歴史的にものごとをとらえるためには，事象の関連を広くとらえることや事象の見える部分から見えない部分を読み取るような高度で，抽象的な考え方が必要であり，段階的に身に付けていく必要がある。また，自県学習は，第4学年で実施された後は，単元の導入などで興味関心を高めるために扱われる程度で，ほとんど行われていない。都道府県は，郷土意識やアイデンティティーを築く基礎であり，国家的・国土的な活動へ展開する基礎となるものである（山口 2019）。自県学習をまとめて集中的にできる第4学年の時に，国土や国家の学習が始まる前の段階において自県について十分に理解させておく必要がある。

　そこで，本研究では，第4学年の自県学習で歴史的な内容を扱い，歴史的視点を取り入れることで，自県への理解が深まり，誇りと愛情が育つかを，授業実践（安中市立安中小学校平成29年度）をもとに考察する（小林 2018a）。

　なお，本研究は，群馬社会科教育学会編『小・中学校社会科における「群馬県学習」のカリキュラム開発に関する研究』（全223頁，2019.8）を踏まえたものである。

## 2 歴史的視点を取り入れた「わたしたちの群馬県」の実践 （全35時間）

群馬県の特色に関する理解が深まるよう自県学習を35時間設定し，その内4時間（小単元：群馬県の誕生と発展）を歴史的視点からとらえる学習とした。

### (1) 実践1「群馬県はいつできたのか」

歴史的な視点を取り入れた学習の導入部にもあたるので，群馬県の領域や名称の歴史的変遷について考えさせた（**表1**）（小林 2018b）。

児童の興味関心が高いわりに，内容や由来についてほとんど知らない休日「群馬県民の日」(10月28日)を導入に授業をはじめた。廃藩置県をきっかけに，今まであった藩が解体・統合し第一次群馬県が成立したのが1871年10月28日である。児童は県域の変遷（**図1**）を調べ，一時期安中県など9県が存在していたこと，現在のような“鶴舞う形”ではないこと，熊谷県への統合なども経ていることなどがわかったが，知らないことばかりで驚きも大きかった。

次に，群馬県や，上州など古代の国名に由来する呼称について考えさせた。企業や商品，キャラクターの名前から「かみつけ」「上州」「上毛」などという呼称を聞いたことはあるが，その由来に関してはほとんど考えたことがない。「上毛かるた」の「しのぶ毛の国二子塚」の札を使って考えさせた。「毛の国」に関して，児童は毛を頭髪や体毛の意味にとらえ，古代の「毛野」（群馬県・栃木県辺り）という呼称は全く知らない。絵札には馬の埴輪とその背景の前方後円墳（二子塚）が描かれている。現在の群馬県には前方後円墳などの古墳が多く，ヤマト王権下の有力な豪族（上毛野氏）がいたと考えられる。毛野を二つに分けたとき，都に近い群馬県の方を上毛野とし，好字二字令により「上野」（「かみつけ」が変化して「こうずけ」）になった。上毛野氏の一族・車持公が支配していた地域が「車郡（車評）」であるが，車を好字二字（群馬）にする際，当時，上野で多く生産され貴重であった馬の字をあてた。児童はこれらの地名に込められた歴史の不思議を感じ取るとともに，古墳の存在や馬の生産などか

## 表1 実践1「群馬県はいつできたのか」指導案

| | ○主な学習活動 ・児童の反応 | ○指導支援上の留意点 |
|---|---|---|
| 導入 | ○10月28日が，なぜ「群馬県民の日」なのか考える。<br>・群馬県ができた日<br>・群馬県の人口が200万人を超えた日<br>・群馬に関する行事が行われた日 | ○興味関心を高めるために，県民の日に行われているイベントなどを提示した後，昭和60年に定められたこと，込められた願いなど概略を説明する。<br>○「群馬県の成立」「県域の変遷」から，第1次群馬県が成立した日を元にしていることに気付かせる。江戸時代に藩として分立していたものが一つになった程度の説明とし，廃藩置県については深入りしない。 |
| 展開 | ○群馬県になるまでは何と呼ばれていたか調べる。<br>[現在も使われる古い呼び名]<br>・かみつけ信金，上野三碑<br>・上州くん，上州牛，上州名物<br>・上越新幹線，上信越自動車道<br>　↓<br>・上野（こうずけ，かみつけ）<br>・上州<br>・上毛<br><br>　　　　毛野<br>上毛野　　　　下毛野<br>↓※好字2文字に　↓<br>上野　　　　　下野<br>（上州）※州を使う　（野州） | ○「上州」「かみつけ」などの名前のついた商品名や店の名前の一部を隠して，写真で提示する。<br>○「上毛」については，明治時代以降一般的になった名称であることを説明する。<br>○興味関心を高めるために，上毛かるたの「し」の札（しのぶ毛の国二子塚）を提示する。埴輪や二子塚（前方後円墳）にも触れながら説明し，群馬・栃木両県の地域が「毛野」と呼ばれていた栄えた地域であったことに気付かせる。毛野を上下2国に分けた上で，好字2文字の名称になったことを説明により理解させる。<br>○地図帳の地図「むかしの境界」から，「上野」と呼ばれていたことを調べさせる。調べる中で，隣の「下野」の名前が似ていること，現在の群馬県の形とあまり代わりがないことに気付かせる。<br>○上毛野の一族に車持君がいて，車評（くるまのこおり）と呼ばれていたが，好字令により「群馬」の字を当てたこと，「県庁所在地で競った前橋と高崎の一部が「群馬郡」にあったことを簡単に説明する。 |
| まとめ | ○現在でも使われている「上州」「上毛」などの言葉を調べる。 | ○上越新幹線，両毛線など交通路線を例に，古代の国名が使われていることを確認した後，どのような名前が略されているのか調べさせる。<br>○ふだんの生活の中から，現在でも使われている昔の地名に注目するよう言葉かけを行う。 |

1871年（明治4年）　　　　1873年　　　　　　1876年

## 図1 明治初期の群馬県域の変遷

出典：Web「群馬の観光や名物と上毛かるた」より

ら群馬が古代から栄えていた地域であったことに気付くことができた。

　最後は，群馬では，古代由来の呼称である，上州や上毛などの言葉が現在でも広く使われていることを取り上げて授業を終えた。

## (2) 実践２「群馬県のものづくり」

　群馬県は，かつては製糸業で日本を牽引し，現在でも自動車生産を中心に第二次産業に従事する人の割合が高く，工業が盛んである。工業を中心とした“ものづくり”の変遷について考えさせた（**表2**）。

　上毛かるたの読み札には4つ「日本」が登場し，そのうち3つが織物や生糸生産に関するものであり（桐生は日本の機どころ・日本で最初の富岡製糸・繭と生糸は日本一），それを手がかりに考えさせる。

　桐生織は桐生市で生産される絹織物である。上毛かるたの絵札には，600年前頃（南北朝時代）に都から養蚕と機織りの技術を桐生に伝えたという白滝姫が描かれている。江戸時代には「西の西陣　東の桐生」と呼ばれるほど栄え，明治時代には羽二重の技術を全国に広めた。現在でもむかしながらのノコギリ屋根の工場が残っており，重要伝統的建造物群保存地区に選定されている地区もある。絹織物自体へのなじみが少なく理解しづらいところもあったが，白滝姫や江戸時代に使われていた大きな高機の絵に興味を示していた。

　富岡製糸場（**写真1**）は“日本で最初”の官営模範工場の一つであり，本格的機械製糸工場である。2014年にユネスコの世界文化遺産として登録された「富岡製糸場と絹産業遺産群」の重要な構成資産でもある。富岡製糸場が牽引した製糸業が近代日本を財政的に支え，製糸場建設の際に培った技術が全国に広まり，火事に強くて大きな，近代を象徴するようなレンガ造りの建物ができた。“日本一”と称される養蚕や製糸業は，近代群馬の重要な産業であり，桑畑や養蚕農家，レンガ造りの建物など群馬の風景を作り上げた。富岡製糸場やめがね橋（碓氷第三橋梁）など実際に訪れたこともある場所が，群馬県や日本の産業の発展に大きく関係していたことに気付けた。

　現在の群馬の工業の礎の一つとして中島飛行機を取り上げた。社章を提示

## 表2　実践2「群馬県のものづくり」指導案

| | ○主な学習活動　・児童の反応 | ○指導支援上の留意点 |
|---|---|---|
| 導入 | ○群馬県で作られているものにはどのようなものがあるか考える。<br>・自動車　・アイスクリーム<br>・だるま　・織物 | ○既習事項や生活経験から想起した，群馬県で生産されている工業製品を列挙させる。<br>○農産物など1次産品を上げた場合は，それを使った2次産品を考えるよう促す。 |
| 展開 | ○上毛かるたの「日本」が入る札から，群馬県で生産がさかんだったものについて考える。<br><br>上毛かるた　「日本」の入る札<br>★桐生は日本の機どころ<br>★繭と生糸は日本一<br>★日本で最初の富岡製糸<br><br><br><br><br>○中島飛行機とその後継となる富士重工業（SUBARU）の製品から，群馬県の工業の特色について考える。 | ○「き」の絵札（桐生は日本の機どころ）から，織物生産がさかんだったことについて気付かせる。江戸時代には「西の西陣　東の桐生」と並び称される産地であり，明治時代になると桐生で発展した羽二重が全国に広まり，輸出されるようになったことを説明する。伊勢崎銘仙についても関連して取り上げるが，混乱しないよう深入りしない。<br>○クワの葉の生産に適しているため養蚕や製糸業がさかんだったこと，そのことを背景に富岡製糸場が造られ，全国に生産技術が広まっていったことを説明する。富岡製糸場との関連で，絹産業遺産も取り上げて説明し，絹産業によって日本を支えたこと，群馬県の風景も変化したことを説明する。<br>○中島飛行機では戦闘機やその部品などを生産していたが，戦後は"平和産業"に切り替わり，主に自動車生産に移行したことを説明する。中島飛行機の技術伝播により，さまざまな工業が育っていったことにも簡単に触れる。 |
| まとめ | ○群馬県では他にどのようなもの（製品）が作られているか調べる。 | ○群馬県発行の資料「ぐんまがいちばん」などを利用し，群馬県で盛んな工業を歴史的経緯からとらえさせたり，現在の特徴的な工業製品について調べさせたりする。 |

写真1　富岡製糸場（繰糸所）

写真2　スバル360（右）とラビット<br>　　　（群馬県立歴史博物館展示）

し，会社名は伏せた上で，何を作っていた工場か考えさせた。第二次世界大戦を経て，飛行機生産の中止と平和産業への移行（**写真2**）が，SUBARUを代表とする群馬県の機械工業の発展に繋がったことを考えさせた。

## (3) 実践3「群馬県の交通」

群馬県と他地域をつなぐ交通の様子について考えさせた（**表3**）。

上毛かるたに「中仙道しのぶ安中杉並木」と詠まれ，安中市の象徴となっている杉並木から考えさせた。中山道（中仙道）は江戸時代の五街道の一つであり，そこを往来する旅人を保護するために杉並木は植樹された。中山道は当時の政治の中心地・江戸と京都を結ぶたいへん重要な街道であり，それが安中市を通っていたこと（上野の7宿の内4宿と碓氷関所が安中市内）に児童はたいへん驚いていた。古代までさかのぼれば，都と地方を結ぶ東山道，鎌倉幕府と関東諸地域を結ぶ鎌倉街道なども安中市を通っており，交通でたいへん重要な位置にあったことに気付けた。運搬の手段の変遷（馬の使用や舟運の利用）なども興味深く調べていた。

近代に入り，鉄道の建設が始まった。高崎線の開通は1884年と早い。養蚕や製糸産業が盛んな地域を結び，東京と京都や大阪，新潟などを結ぶ重要な地点にあるからである。学習に「鉄道建設ゲーム」（山口1993）を取り入れたことで，東京と新潟を結ぶ際，現在の上越線が最短ルートに近いが急峻な山岳地帯に阻まれ不可能であり，信越本線の方が早く開通したことや地形と交通網関係に，楽しみながら気付くことができた。その後，新幹線や高速道路など新しい交通網を調べる中で，現在でも群馬県は，東京を中心として整備が進む全国交通網でも大事な場所であることに気付けた。

## 表3　実践3「群馬県の交通」指導案

| | ○主な学習活動　・児童の反応 | ○指導支援上の留意点 |
|---|---|---|
| 導入 | ○学校の近くの史跡の存在から，江戸時代に大きな道が通っていたことに気付く。 | ○身近なもの，身近にあるがなかなか気付いていないものを取り上げて興味関心を高める。 |
| 展開 | ○昔から上野国を通る幹線道路について調べる。<br>★東山道（律令制）<br>・都と陸奥を結ぶ<br>・碓氷から安中，高崎，前橋，伊勢崎，太田を通る<br>★鎌倉街道（鎌倉時代）<br>・碓氷峠を越え，鎌倉へ通じる最短コース<br>・碓氷から安中，高崎，藤岡を通り埼玉へ<br>★中山道，三国街道など（江戸時代）<br>【中山道】〜五街道の一つ<br>・江戸と京都を結ぶ<br>・高崎，安中を通る<br>【三国街道】<br>・江戸と越後，佐渡を結ぶ<br>○明治時代以降の群馬県の鉄道について調べる。<br>鉄道の開通年<br>【高崎線】　　　1884年<br>【信越本線】　　1885年<br>【両毛線】　　　1889年<br>【上越線】　　　1931年<br>【上越新幹線】　1982年<br>【長野新幹線】　1998年 | ○政治の中心地である都（奈良・京都）や幕府（鎌倉・江戸）などと大きな道路で結ばれていたことに説明から気付かせる。<br>○ワークシート掲載の地図上で路線をなぞらせたり，現在残る地名を地図帳で確認させたりすることで，中心地とのつながりに気付かせる。東山道と鎌倉街道については，考えが混乱しないよう，あまり深入りしない。<br>○理解がしやすいよう，写真で提示するなど，学校近くの地名に関しては具体的に説明する。<br>○興味関心が持てるよう，上毛かるた「う」「な」の札（碓氷峠の関所跡，中仙道しのぶ安中杉並木）から中山道を説明する。<br>○江戸時代さかんだった舟運についても取り上げる。大量輸送が可能である舟運の良さについて気付かせる。<br>○江戸時代の宿場の賑わいがわかる資料を提示し，交流や文化伝播すること等の利点に気付かせる。<br>○年表などの資料から，高崎線の開業が早い時期であったことに気付かせる。早期開業の必要性から，群馬県の重要性（絹産業がさかん，日本海側への交通の要衝）に気付かせる。<br>○鉄道建設ゲームに取り組ませることで，交通網の整備には自然条件の克服が必要なことや，信越本線が上越線に先んじて開業した必然性に気付かせる。自然条件の克服のための技術については，アプト式やループ式の軌道，高度な橋脚や隧道の建設について補足する。<br>○群馬県内の鉄道敷設目的について簡単に説明し，群馬県の特徴的な産業との関連について気付かせる。 |
| まとめ | ○現在の高速交通網の状況について調べ，人と人が交流することの良さについて考える。 | ○高崎市の施策を中心に，交流がもたらす経済的，文化的恩恵などについて説明し，それを参考に児童に考えさせる。 |

## (4) 実践4「群馬県の人口」

　群馬県の人口の変遷について考えさせた (**表4**)。

　上毛かるたの読み札の中で唯一変化のあった「ち」の札 (力あわせる〇〇万) から，人口の変遷について考えさせていった。児童は現在の「力あわせる二百万」(200万) で認知しているが，かるた発行時 (1947年) は百六十萬 (160万) であった。10万ずつの変遷であるが，改訂がいつだったのか，児童が推測するのは難しかった (170万～ 1973年, 180万～ 1977年, 190万～ 1985年, 200万～ 1994年)。ほぼ現在の群馬県の形になった1878年からの人口の変遷を表したグラフ (**図2**) と主な出来事を示した年表を合わせて提示し，1878年の人口や祖父母の生まれた頃の人口など，読み取りを進めた上で，1年間で1万人ずつ，「150年間で150万人」の人口が増えたととらえさせた。人口の急増期や停滞期の存在に気付き，写真資料の提示や説明から急増期に学童疎開や大陸からの引き上げの存在があったことは理解しやすかったが，停滞期 (上毛かるたの札 が170万になるまで26年) の理由を考えさせるのが難しかった。年表に「1954年高度経済成長始まる」と提示したが，東京などでは経済成長が著しい一方で，群馬県の人口は増えないことがわかりづらかったのだ。実際には東京などへ働きに行くために，24万人が県外へ (東京へ11万人) 流出した。県内でも，山間地域から前橋市や高崎市などの都市部へ流出している。

　2004年の203.5万人がピークで，2015年の人口は197万人。児童も予想できたように，人口はこのまま下がり続けると考えられている (国立社会保障・人口問題研究の2018年の推計によれば2045年には155.3万人) が，上毛かるたの札は「力あわせる何万人」であってほしいか考えさせた。状況に合わせて少ない数の方が良いとした児童もいたが，多くの児童は現状通りの「二百万」を望んだ。今の札になじみがあること，切りのよい数であること，多い方がよいと思えることなどを理由として挙げていた。

　群馬県の人口の変遷と社会的事象を関連させて考えることで，群馬県成立後の発展や歴史の概要について理解が深まったと考えられる。

## 表4　実践4「群馬県の人口」の指導案

| | ○主な学習活動　・児童の反応 | ○指導支援上の留意点 |
|---|---|---|
| 導入 | ○上毛かるたの「ち」の読み札の変化から，群馬県の人口について興味を持つ。<br>・今は「200万」だ<br>・最初は「160万」だったのか | ○上毛かるたの読み札の中で唯一変更されてきた「ち」の札（力あわせる○○万）を取り上げる。<br>○読み札の変更が定期的ではなく，現在の札になるまで最短で4年，最長で16年かかっていることに気付かせる。 |
| 展開 | ○群馬県の人口がどのように変化してきたか調べる。<br>・2000年くらいまでに人口が150万人増えた<br>・1995年（正確には1993年）に人口が200万人を超えた<br>・1940～1947年の間に人口が急に増えている（年表～1945年終戦）<br>・1947～1965年の間は人口があまり増えていない<br>　（年表～1954年高度経済成長始まる）<br>・1965年以降再び人口が増えた<br><br>　1963年　大八木工業団地完成<br>　1976年　福田赳夫首相就任<br>　1982年　上越新幹線開通<br><br>○群馬県の人口分布がどのように変化してきたかを調べる。 | ○1878年以降の人口の変化を表した折れ線グラフを提示し，調べさせる。<br>○児童や家族の生まれた年を調べることで，興味関心を高めさせる。<br>○グラフの最初の年の人口，現在の人口，200万人に達した年などていねいに読みとらせる。<br>○人口の停滞期，急増期などについて，上毛かるたの変更年と関連させて考えさせる。<br>○人口の変化については「150年間で人口が150万人増加した」と大まかにとらえさせる。<br>○人口の急増期（終戦直後）や停滞期（高度経済成長期）に何があったのか，そのできごとなど，年表をもとに考えさせる。児童の思考が及ばない場合は教師が説明するが，簡単な説明にとどめ，深入りはしない。<br>○人口が再び増加しはじめた1965年以降のようすを社会の発展と関連させられるよう，福田赳夫の首相就任，上越新幹線開通，工業団地の増加の年などを年表から調べさせる。<br>○変化がわかりやすいよう，人口規模を円で表した分布図を提示する。変化を大きく捉えられるよう，20年ごとの変化を提示する。<br>○中央部から東部にかけての地域で人口が増加している背景に，都市化の進行や市町村合併があるが深入りはしない。 |
| まとめ | ○将来の人口変化について予想するとともに，どのような社会であってほしいか考える。<br>・130万～<br>　人口の減少に合わせた方がよい<br>・200万～<br>　人口は減らないでほしい<br>　今のような社会でいてほしい | ○将来，上毛かるた「ち」の読み札（力合わせる○○万）を考える活動を通して，群馬県の社会がどのようになっていってほしいか考えさせる。<br>○2005年から人口が減少していることを確認した上で，国の推計（2045年には155万人程度）からも人口が減少していくことが予想されることを提示した上で考えさせる。 |

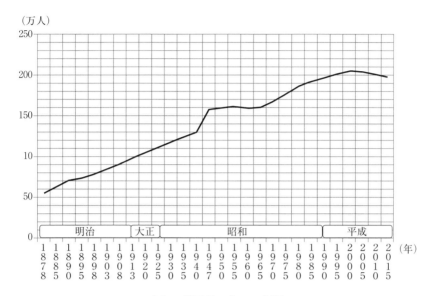

（万人）

**図2　群馬県の人口の変遷**

出典：総務省統計局資料などより作成

## 3　まとめと課題

　児童が直接調べられる資料が少なく，教師による資料提示や説明が多かったが，新たな知識を手に入れたり，それを手がかりに現在のことを考えたりすることができていた。初めて知ることが多く，興味深く学習を進めていた。また，むかしの繁栄ぶりや，現代社会の基礎となる事象の存在に気付けたこともあり，自県に対する誇りや愛情を持つこともできた。さらに，身近にある事象のルーツや変遷を知る，もし戦争に勝っていたらなど，歴史の if について考えるなど，歴史を学ぶ楽しさにも気付けた。

　現在の社会的事象について，歴史的背景を持たないものはなく，歴史的背景を知ることは事象の理解に役立つ。歴史的な視点を取り入れたことで多角的・多面的に事象をとらえ，自県の特色をよりよく理解することができた。現代社会の繁栄の基礎となる事象の存在や歴史上における群馬の地位の高さに気付

くなど，自県に対する誇りや愛情を持たせることもできた。合わせて，学校周辺の地域の文化財などを教材として取り上げたことで，自県における地域の地位をとらえ直すことができ，あらためて地域のよさを考えることもできた。また，歴史的視点から事象をとらえる楽しさや歴史を学ぶ楽しさに気付くことができた。歴史的な内容を扱い，歴史的な視点を取り入れることは，自県の特色をよりよく理解し，誇りと愛情を育てるのにたいへん効果的である。

　4年生の段階では，まだ日本の歴史を学習しておらず，その時代を他の事象と関連付けられないために，理解するのが難しい。"むかし"という曖昧な表現や，口頭のみで"300年前""600年前"などという言い方では，今からどのくらい前のことなのか理解がしづらい。年代を等間隔に示した時間尺を使うなど，説明の仕方にも工夫が必要である。因果関係や関連など，より歴史的にとらえることができるような力も段階的に育てていく必要がある。また，上毛かるたや「鉄道建設ゲーム」のような，楽しく取り組め，学習効果の高い教材の開発が必要である。一方，自県の歴史を調べる上で，資料が不足している。特に児童の調べ学習に使用できるものが少ないのが現状である。自県を学習するのであるから，群馬県や県教育委員会など，県の教育組織が中心となった副読本や資料集の作成を期待したい。

参考文献

小林禎 (2018a)「歴史的視点を取り入れた自県学習の検討—小学校第4学年「わたしたちの群馬県」の授業実践を通して—」『群馬社会科教育研究』第7号，pp.12-21.

小林禎 (2018b)「〈わたしの地図活用〉4年　群馬県の特色「県の領域と地名」—歴史的な視点から考える」『世界がひろがる！こどもと地図　2018年度1学期号』帝国書院.

山口幸男 (2019)「社会科教育における自県学習の意義」，群馬社会科教育学会編『小・中学校社会科における「群馬県学習」のカリキュラム開発に関する研究』pp.6-7.

山口幸男・西脇保幸・梅村松秀編 (1993)『シミュレーション教材の開発と実践—地理学習の新しい試み』古今書院.

（小林　禎）

# 2 小学校社会科における信仰的事象の 教材化と授業実践
## ―小学校第5学年水産業の学習における事例―

## ┃ 1 はじめに

　社会生活，人間生活において信仰は重要なものである。それゆえ，社会科教育においては信仰的事象，人間の信仰的側面を本格的に取り上げていく必要があるが，従来，その教材化はほとんどなされていなかった。そこで，筆者は社会科教育における信仰的事象の教材化に関する基礎的研究を行うとともに，群馬県富士見村（現，前橋市富士見地区）に所在する交通安全のお地蔵様を取り上げ，小学校社会科4年における授業プランを作成したことがある（飯塚2008）。この経験をふまえ，本研究は，信仰的事象の教材化のさらなる事例として，小学校第5学年の水産業の学習の中での，信仰的事象の教材化と授業実践を試みた。水産業に従事する人々の心情を感得し理解するためにも信仰的事象を取り上げることが効果的ではないかと考えたためである。富士見村のお地蔵様の場合は，授業プランの作成に止まったが，今回は授業実践も行った。事例地域を静岡県焼津市としたのは，教科書で焼津市が取り上げられていることによる。

## ┃ 2 信仰的事象の教材化の観点

　筆者は，信仰的事象の教材化のための観点として，①郷土学習の中で取り上げること，②人々の願いや思いに着目すること，③石造物が注目されること，④現在における人々との関わりに着目すること，⑤教育基本法に留意すること，の5点を示した（飯塚2009）。このうち，今回の教材化の場合は，①はその

ままでは該当しないが，①を「その地域（土地）に根ざした取り上げ方をすること」と捉え直すことによって，今回の場合にも生かせると考える。

## 3 焼津市における信仰的事象の実態

　焼津市には，100以上の信仰的事象が存在する。その中でも，文献調査（焼津市 2001,2008），現地観察・聞き取り調査等の結果，水産業と深い関わりがあると確認できたものは，次の11件である。なお，現地観察・聞き取り調査は，2013年8月2日～8月4日に行った。

　①焼津神社，②宗像神社，③那閉神社，④護信寺・弁天宮，⑤船玉神社，⑥石津水天宮，⑦青峰山勝景院，⑧海蔵寺，⑨波除地蔵（3体），⑩亀の供養費，⑪マリアナ観音

　これらの信仰的事象の分布は**図1**に示した。分布の特徴は，海岸沿いに多く見られることである。これは，水産業そのものが海に関する産業であり，また，海岸沿いには水産業従事者が多く，その結果，水産業に関係する信仰的事象も多いものと考えられる。

　これらのうち，本実践で取り上げたものについて，その実態を詳しく述べておこう（**写真参照**）。

●亀の供養碑（⑩）について

　浜当目海岸沿いに，亀の供養碑が2基ある。昔，テトラポットがなく，海岸が広かったころには，砂浜が亀の卵でいっぱいになることもあったという。亀を大切にすれば漁が続くといわれるので，海岸に上がった亀にはお神酒を飲ませ，死んだ亀は丁寧に葬ったという。この2基の供養碑は，それぞれ別々の船元が建立したものである。1基は昭和28（1953）年5月19日に建てたもので，「南無八大竜王眷属亀之霊供養墓」と刻まれている。横の植木は，亀の形にきれいに剪定されており，土台も亀の形となっている。建立者の息子さんは，海上安全や豊漁を願って現在も毎日お参りをして，お水をあげたり植物を手向けたりしている。建立日である5月19日には，毎年供養もしているという。も

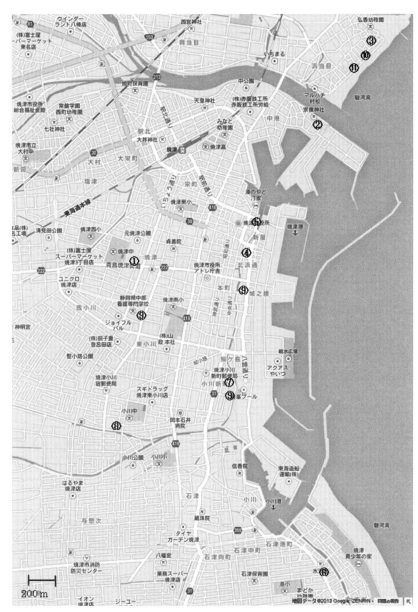

出典：Google マップより作成／地図データ © 2013 Google ZENRIN

**図1　調査した信仰的事象の分布**

⑩亀の供養碑〔墓　植木も土台も亀の形〕

〇近くの公衆トイレ　亀の形

⑨波除地蔵　〔城之腰の東側〕

⑪マリアナ観音

③那閉神社

〇那閉神社の狛犬

⑥石津水天宮

○石津水天宮の碇

④護信寺・弁天宮

○護信寺・弁天宮の鰐口の持ち手

う1基は，昭和62（1987）年頃に建てられた祠である。地元の人々からは，「亀の神さん」と呼ばれている。近くの公衆トイレは亀の姿をしており，この地域で亀の供養碑が大切にされていることが窺える。

● 波除地蔵（3体）（⑨）について

　明治初頭，磯浜に延々と連なる土提上の南中北（鰯ヶ島，城之腰，北新田）の3か所に，波除けの願いを込めてお地蔵さんが安置されていたという。

　現在は，城之腰の東側，現在のオーシャンロード沿いに地蔵堂があり，1体のお地蔵さんが祀られている。地元の人々は，このお地蔵さんを「波除地蔵」または「八雲地蔵」と呼び，台風の大波が来ないように願い，また波をせき止めるということから，咳を止めるという願いをかけてきた。現在も植物が手向けられ，毎年7月24日にはお祭りが行われている。現在祀られているお地蔵さ

んは，昭和41（1966）年9月に地元の人々の手で新しく造られたお地蔵さんである。その際，風雨によって姿が削られた今までのお地蔵さんは，光心寺へ納められることになり，今も大切に祀られている。なぜ「八雲地蔵」と呼ばれるようになったかというと，明治35（1902）年に焼津を訪れた小泉八雲が，風雨にさらされ手足や頭部が明確でなくなったお地蔵さんを見て，新しいお地蔵さんを造ろうと計画したためだという（結局，夫人に反対されたため計画はあきらめた）。また，青峰山勝景院には，鰯ヶ島の「波除地蔵」が祀られている。おかけや帽子，お花が供えられており，現在でも大切にされていることが窺える。

●マリアナ観音（⑪）について

　昭和40（1965）年に，マリアナ群島アグリハン島沖合において焼津港所属船2隻遭難，乗組員72名が殉職した。殉職者の供養とこの事件を後生に伝えるために昭和47（1972）年10月7日に建立された。現在も，植物が手向けられており，毎年10月には慰霊行事を行っているという。

●那閉神社（③）について

　延喜式内社に比定されている古社。祭神は大国主命と事代主命（ことしろぬしのみこと）とされ，事代主命は海の神として信仰されている。境内には「祈大漁満足」，「祈海上安全」と刻まれた狛犬が置かれ，美濃輪稲荷神社が祀られている。美濃輪稲荷神社は，漁業関係者から厚い崇敬が寄せられた清水市の美濃輪稲荷神社から，カツオ船の船元たちによって，明治36（1903）年頃勧請されたものである。平成13（2001）年まで毎年4月に大漁祈願の浦祭りが行われていた。

●石津水天宮（⑥）について

　祭神は言仁尊（ときひとのみこと）。海上安全の守護神として，文久元（1861）年に江戸の水天宮から勧請された。地元はもちろん，近隣の漁業者から海難除去，豊漁への願いが込められ発展してきた。水天宮に篤い信仰を寄せている漁船は，水天宮のお札を竹筒に入れて碇に結びつけ，出漁の際には水天宮沖で船首を水天宮に向け，ヒカエマワリ，縁起回りなどといって，取り舵で三回旋

回する。留守家族は船元の女衆が中心になって毎日水天宮に一挺籠り（いっちょうごもり）をする。これは，船名の入った提灯を掲げ一本のロウソクがともり終えるまで籠ることをいう。4月5日の大漁祈願祭では，現在でも多くの船からカツオやサバなどが奉納されている。参道の両側には，狛犬の代わりに碇の置物が2つ置かれている。

● **護信寺・弁天宮（④）について**

　浄土宗のお寺。約300年前，元禄年間に海上安全，豊漁満足，災害除難を祈念して木彫りの座像・弁財天が合祀された。危険と隣合わせの漁師とその妻，家族たちが折に触れて参拝し安全を祈願した。那閉神社と同様，境内にはカツオ船の船元たちによって清水市から勧請された美濃輪稲荷神社が祀られている。鰐口の綱の持ち手には「大漁満足」「海上安全」の文字が刻まれている。

　以上のように，当地域には，海上安全や豊漁を願って信仰されてきた神社や寺院がかなりあり，現在でも信仰されている。また，神社の鈴の緒や狛犬，寺院の鰐口の綱の持ち手に「海上安全」や「大漁満足」の文字が刻まれている例が多い。また，波除地蔵やマリアナ観音のように，海に関する災害をきっかけとして建立され，現在でも大切にされている信仰的事象がある。また，亀の供養碑のように，海上安全や豊漁を願って信仰されている石造物がある。これらのことから，焼津市の水産業と焼津市の信仰的事象の間には深い関係があるといえる。

## ▌ 4 授業実践の概要

### （1）指導計画

　焼津市の信仰的事象は，小学校第5学年の内容（2）の単元「わたしたちの生活と食料生産」の中の小単元「水産業のさかんな静岡県」（全8時間）の中で取り上げる。指導計画は**表1**の通りである。信仰的事象を取り上げるのは，主に第4時間目「焼津市の信仰的事象にまつわる話や写真から，焼津市の人々の願い（海上安全や豊漁）について考え，ノートにまとめる。」においてである。

表1

| 目標 | 　我が国の水産業について関心をもち，水産業に従事する人々の様子や，食生活との関わりについて地図や地球儀，統計，映像などの資料を活用して調べ，我が国の水産業は国民の食料を確保する重要な役割を果たしていることや自然環境との関わり，水産業に従事する人々の工夫や努力や願いについて理解し，これからの水産業の発展を考える。 |
|---|---|
| 評価規準 | (1) 我が国の水産業の様子に関心をもち，それを意欲的に調べ，今後の発展について考えようとしている。<br>(2) 我が国の水産業の様子から学習問題を見いだし，それらが国民の食料を確保する重要な役割を果たしていることや水産業と自然環境との関わりについて考え，表現している。<br>(3) 地図や地球儀，統計，映像などの資料を活用して，我が国の水産業の様子について必要な情報を読み取っている。<br>(4) 我が国の水産業は国民の食料を確保する重要な役割を果たしていること，自然環境と深い関わりをもって営まれていること，水産業に従事する人々の工夫や努力や願いについて理解している。 |

| 過程 | 時間 | 学 習 活 動 |
|---|---|---|
| つかむ | 1 | ○かつお節やけずり節，かつお料理の写真，かつおと同じ重さのペットボトル，かつおの回遊する範囲の図などから，これから調べてみたいことを考え，学習問題をたてる。 |
| 調べる | 2 | ○写真や図，映像から，かつお漁の仕方（一本釣りと巻き網漁）について違いや工夫やよさを読みとり，話し合い，ノートにまとめる。 |
| | 3 | ○写真や地図を活用して焼津港の位置や様子を調べることを通して，焼津港にかつおが多く水あげされる理由について考え，話し合う。 |
| | 4 | ○焼津市の信仰的事象にまつわる話や写真から，焼津市の人々の願い（海上安全や豊漁）について考え，ノートにまとめる。 |
| | 5 | ○グラフや地図などの資料をもとに漁業の変化の様子とその理由を考え，発表し合う。 |
| | 6<br>7 | ○浜名湖の養殖業やまだいの栽培漁業について調べ，携わる人々の工夫や努力について考える。 |
| | 8 | ○水あげされたまだいがどのように新鮮なまま消費地に運ばれるのか調べて発表する。 |
| まとめ | 9<br>10 | ○魚や海を守り，育てるための工夫について考えて，発表する。 |

　実践校は高崎市の小学校，実践期日は2013年9月である。


## (2) 本時の展開

　本時の展開は，表2の通りである。本時の目標は，「焼津市の信仰的事象の

写真を見たりお話を聞いたりすることを通して，水産業に従事する人々が海上安全や豊漁を願っていることを理解する。」である。

　導入では，「亀の供養塔」の写真を提示し，「写真の中に生き物が隠れています。どんな生き物でしょう。」,「これは何でしょう。」,「なぜ亀のお墓（供養塔）をつくったのでしょう。」などの問いかけをし，学習の意欲付けをし，本時のめあて「焼津市の人々の気持ちや願いについて考えよう。」をつかませる。

　次に，「亀の供養塔」を現在もお参りしているおじいさんにインタビューしたときのお話を伝え，亀のお墓は，漁が長く続くことを願って建立されていることに気づけるようにする。また，亀の形をした公衆トイレの写真を提示し，

表2

| 目標 | 焼津市の信仰的事象の写真を見たりお話を聞いたりすることを通して，水産業に従事する人々が海上安全や豊漁を願っていることを理解する。 | | |
|---|---|---|---|
| 学習活動 | 時 | 支援・指導上の留意点 | |
| ○本時のめあてを知る。<br>「焼津市の人々の気持ちや願いについて考えよう」 | 5 | ・亀の供養塔の写真を提示し，「写真の中に生き物が隠れています。どんな生き物でしょう。」や，「これは何でしょう。」や，「なぜ亀のお墓（供養塔）をつくったのでしょう。」などの問いかけをし，学習の意欲付けをする。 | |
| ○亀の供養塔の写真や近くの公衆トイレ（亀の形）の写真を見たり，現在もお参りしているおじいさんのお話を聞いたりする。<br>○焼津市の那閉神社の狛犬と，石津水天宮の碇，神社の鈴の緒やお寺の鰐口の綱の持ち手の写真を見て，群馬県のものと比べる。<br>○波除地蔵とマリアナ観音の写真を見たり，由来についてのお話を聞いたりする。 | 30 | ・現在もお参りしているおじいさんにインタビューしたときのお話を伝え，亀のお墓は，漁が長く続くことを願って建立されていることに気づけるようにする。<br>・亀の形をした公衆トイレの写真を提示し，亀がこの地域でシンボルとなり，重要な存在になっていることを実感できるようにする。<br>・焼津市の神社やお寺と，群馬県の神社やお寺の様子を比べさせることによって，焼津市の人々が海上安全や大漁を願っていることを考えられるようにする。<br><br>・波除地蔵とマリアナ観音の話を通して，漁船や漁村は危険と隣り合わせであることや，人々が海上安全を願っていることに気づけるようにする。 | |
| ○学習の感想を書き，本時の振り返りをする。 | 10 | ・本時の学習の取り組みを自己評価したり感想を書いたりすることで，振り返りができるようにする。 | |

亀がこの地域でシンボルとなり，重要な存在になっていることを実感できるようにする。

　次に，焼津市の神社やお寺と，群馬県の神社やお寺の様子を比べさせることによって，焼津市の人々が海上安全や大漁を願っていることを考えられるようにする。また，波除地蔵とマリアナ観音の話を通して，漁船や漁村は危険と隣り合わせであることや，人々が海上安全を願っていることに気づけるようにする。

　最後に，本時の学習の取り組みを自己評価したり感想やわかったことを書いたりすることで，振り返りができるようにする。


## 5　授業実践の成果と課題

　この項では，授業実践の成果と課題について，授業時の児童の様子と，授業の最後に児童がワークシートに書いた本時の感想やわかったことの記述をもとに述べる。

　授業を実践した際には，子どもたちは信仰的事象の写真や話にとても興味津々な様子であった。亀の供養塔について，何の供養塔かと写真をヒントにクイズを出した時には，皆が身を乗り出して写真に見入っていた。また，こま犬や鈴の緒が群馬と違っていることに驚き，感嘆の声を挙げていた。信仰的事象は，子どもたちの興味関心を引く教材であることがわかった。

　ワークシートに書かれた児童の感想には，「焼津の人々は，海の上での安全や，豊漁を願っていることがわかった。」，「人々は，漁を大切にしていることがわかった。」，「焼津市の人たちは，漁が安全にできるように，たくさん魚がとれるように願っているから，たくさん魚がとれて，安全にできているのだと思う。」「この授業で，初めて焼津の人の気持ちがわかったような気がする。」などがあげられていた。これらの記述から，児童は水産業に従事する焼津市の人々の心情についてある程度感得できたと思われる。このことから，本授業での信仰的事象の教材化は成果があったと考えられる。

しかし，記述の中には，「波除け地蔵が三代昔に造られた。神社には，碇がある。亀を神のように大事にしていた。……」など，信仰的事象の実態が書かれているだけで，焼津市の人々の気持ちまで考えられていないものもあった。このことから，信仰的事象を取り入れても，信仰的事象の知識の獲得だけで終わってしまう可能性があることがわかった。

## 6 おわりに

　本研究は，社会科教育における信仰的事象の教材化と授業実践について，第5学年の焼津市の水産業の学習を事例に考察したものである。その結果，授業実践は一定程度の成果を得ることができ，社会科教育における信仰的事象の持つ意義をある程度検証することができたと考える。今後の課題としては次の2点が上げられる。

　・単に知識としてだけでなく，信仰的事象を通して人々の心情を感得できるようにするための一層効果的な授業内容・授業方法の開発。
　・他地域，他単元での事例の検討。

参考文献
飯塚視帆（2008）「郷土学習におけるお地蔵様の教材化—群馬県富士見村の場合—」『地理教育研究』No.1, pp.58-65.
飯塚視帆（2009）「社会科郷土学習における信仰的事象の教材化の観点と3つのパターン」『地理教育研究』No.5, pp.21-28.
焼津市（2007）『焼津市史・民俗編』.
焼津市（2008）『焼津の歴史あれこれ』.

（河合（旧姓　飯塚）視帆）

# 3 地理教育における比較地誌学習の開発
## ―群馬県と北海道の比較を通じて―

## ▌1 はじめに

　地誌学習は，地理的区分（形式区分・実質区分）に基づき，自然地理的事象と人文地理的事象の関連付けによって地域的特色を明らかにし，それらを全体地域から俯瞰するものである。地誌学習には，静態地誌，動態地誌，比較地誌といったアプローチがある。中学校社会科地理的分野の場合，世界・日本の諸地域において，動態地誌的手法で学習する。動態地誌では，中核的事象（特色ある地理的事象）を用いて，それら関係する事象を関連付けながら，地域的特色を浮き彫りにする。地域的特色とは，地域に生起する事象の相違点や類似点・共通点を見極めるものであり，他地域との比較を通じて明らかにする。静態地誌や動態地誌も，地域を比較するという視点は同じである。

　そこで本稿は，群馬県と北海道の比較を通じた地誌学習の開発を行う。群馬県は，海との接点がない内陸県のひとつであり，北海道は，海に囲まれた海洋県である。両県は，地理的環境が異なり，比較地域として適切と考えた。まず，北海道の在住者における群馬県の地域イメージと地理的認識の実態を示す。続いて，北海道の地域区分の特殊性に触れ，地域間比較の留意点を述べる。それをふまえ，小学校社会科では，地理的位置を中心とした相違点を，中学校社会科では，自然環境と観光資源を指標とした類似点を，気付かせる比較地誌学習の構想を明らかにする。

## 2 群馬県の地域イメージと地理的認識

　本章では，北海道の在住者（道内4年制大学1～4年生）におけるアンケート調査（2021年12月実施）を基に，群馬県の地域イメージと地理的認識（都市，産業，観光地・資源）を明らかにする。

### (1) 地域イメージの特色

　地域イメージは，自然地理的事象，人文地理的事象，その他に分けることができた。全体的には，自然地理的事象に関する内容が多い。自然地理的事象の回答は，温泉（観光地），海なし県（内陸県），自然（山）が多い，気温が高いの順であった。人文地理的事象の回答は，11種類生じ，ご当地キャラクターのぐんまちゃん，大都市がない（田舎が多い），富岡製糸場，高校野球が強いの順であった。その他は，イメージがない（わからない）が最も多い。

**表　群馬県の地域イメージ（2021年12月実施）**

単位：人

| 自然地理的事象 | | 人文地理的事象 | |
| --- | --- | --- | --- |
| 温泉（草津温泉ほか）観光地 | 24 | ぐんまちゃん | 5 |
| 海なし県・内陸部 | 20 | 大都市がない（田舎） | 4 |
| 自然が多い（山が多い） | 10 | 富岡製糸場 | 4 |
| 気温が高い | 3 | 高校野球が強い（健大高崎高校） | 4 |
| その他 | | こんにゃく | 3 |
| イージなし・わからない | 11 | 遺跡（岩宿遺跡） | 2 |
| 北関東 | 3 | ぐんまのやぼう（アプリ） | 2 |
| 魅力度ランキング最下位 | 2 | その他（注） | 4 |

注：その他は，別荘地，スキー場，ニューイヤー駅伝，ハーゲンダッツ工場。
資料：アンケート回答結果（複数回答を含む）。

### (2) 都市・産業・観光に関する地理的知識

　都市，観光地・資源は，隣接県の地理的事象を織り交ぜた。産業（農産物，工業製品）は，全国生産量1位の品目を取り上げた。

　都市は，群馬県4都市，隣接県6都市（松本，熊谷，新潟，宇都宮，長野，会津

若松）を選択肢とし，群馬県のものを選択させるものであった。回答結果は，前橋市，高崎市，富岡市，太田市の順であった。他県の都市は，選択があったものの，いずれも10人以下であった。よって，群馬県の都市は，ある程度，認識されていると判断できる。

　農産物は，5種類（キャベツ，こんにゃく，うど，納豆，梅）の農産物を選択肢とし，群馬県が全国生産量1位のものを選択させるものであった。回答結果は，キャベツ，こんにゃく，うどの順であった。全国生産量1位（2018年度）は，こんにゃくであったが，キャベツ（2位）やうど（2位）も上位である。よって，群馬県の農産物は，ある程度，認識されていると判断できる。

　工業製品は，5種類（輸送機械，繊維，鉄鋼，非鉄金属，パルプ・紙）の工業製品を選択肢とし，群馬県が全国生産量1位（2017年度）のものを選択させるものであった。回答結果は，繊維，鉄鋼，パルプ・紙の順であった。全国生産量1位（2017年度）は，輸送機械であったが，最も少ない。よって，群馬県の工業製品は，認識されていないと判断できる。

　観光地・資源は，群馬県5つ，隣接県5つを選択肢とし，群馬県のものを選択させるものであった（図1）。回答結果は，草津温泉，富岡製糸場の順で多い。他方，県内の万座温泉スキー場，榛名湖，尾瀬は10人以下と少ない。また，他

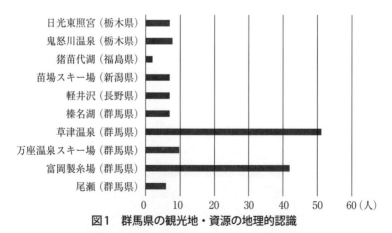

**図1　群馬県の観光地・資源の地理的認識**

資料：アンケート調査結果（複数回答を含む）。

県の観光地・資源は，選択があったものの，いずれも10人以下であった。草津温泉は，全国を代表する温泉地で自噴湯出量も上位，富岡製糸場は世界文化遺産であることが認知度を高めたものと考えられる。

　以上から，人口20万以上の前橋市（県庁所在地）や高崎市，農産物，草津温泉や富岡製糸場といった地理的事象について一定の認識があった。

## 3 北海道の地域区分の特殊性

　北海道は，地理的区分（形式区分）において，2面制をもつ。ひとつは，地方区分としての1地域。もうひとつは，都道府県区分としての1地域である。よって，北海道の小・中学校では，県学習（小学校社会科4年）と諸地域学習（中学校社会科地理的分野）において，同一（北海道／北海道地方）の地理的範囲を対象とする。

　都道府県区分としての北海道は，他県と比べ面積差が大きい。北海道の面積（北方領土を含む）は，83,454㎢，群馬県の面積は，6,363㎢である。北海道の面積は，群馬県の約13倍となる。関東地方（東京都，神奈川県，埼玉県，千葉県，群馬県，栃木県，茨城県）7県を合わせた面積と比較しても，2倍以上となる。他方，道内には，14振興局（旧支庁）といった地域区分があり，県単位の範囲に近いかもしれない。

　また，北海道は，太平洋，日本海，オホーツク海に囲まれた県（地方）であり，国境線（宗谷海峡・択捉海峡）をもつ。一方，群馬県は，新潟県，福島県，埼玉県，栃木県，長野県に囲まれた県である。

　こうした違いは，両地域の住民において，漠然と理解されているものの，どの程度の差異があるか，生活環境の側面から気付きにくい。例えば，空港数でみると，群馬県は，空港がない。北海道は，新千歳空港をはじめ13か所（北方領土は除く）ある。その結果，北海道民は，空港（飛行機）を身近に感じているかもしれない。

以上から，他地域と比較する場合，基本情報（面積，人口，地形等）の違いを確認することが重要となる。

## ▎4　小学校社会科における比較地誌学習の構想

　群馬社会科教育学会編（2019）は，自県学習の重要性を指摘し，小・中学校の社会科授業においてそのカリキュラム開発を行った。都道府県は，規模，歴

---

本時（45分）の目標（知識）
1　北海道と群馬県の地理的事象（面積・人口・地形）の違いを説明できる。
2　北海道・群馬県と同じ地理的事象（地形）をもつ地域を説明できる。

| 分 | 教員からの発問・指示 | 児童に身に付けてほしい知識 |
|---|---|---|
| 導入<br>10 | 前時の確認<br>① 北海道の面積は，群馬県の何倍か<br>② 北海道の人口は，群馬県の何倍か | 約13倍<br>約2.6倍 |
| 展開<br>35 | 【学習課題】<br>北海道と群馬県は，具体的にどのような違いがあるか<br><br>①両地域の面積，人口数を調べてみよう（地図帳）<br>　★北海道は海洋県，群馬県は内陸県である<br>②北海道は，どのような海洋に囲まれているか（地図帳）<br>③ 群馬県は，どのような県に囲まれているか（地図帳）<br>④北海道（海洋県），群馬県（内陸県）と同じ県はあるか（地図帳） | 面積・人口（千人）<br>北海道：83,454㎢・5250<br>群馬県：6,363㎢・1942<br><br>太平洋，日本海，オホーツク海の3海洋<br><br>新潟県，福島県，埼玉県，栃木県，長野県の5県<br>海洋県：沖縄県<br>内陸県：栃木県，奈良県等，8県 |
| 終末<br>5 | ●北海道は，群馬県と比べ，どのような違いがあるか，授業を通じてわかったことを書いてみよう（ワークシート） | 数値や地名を用いて，面積，人口，地形の違いを文章表現できる |

本時の評価（知識）
1　面積，人口，地形の違いについて，数値，地名を用いて説明できたか。
2　他の海洋県と内陸県を説明できたか。

---

史的伝統的基盤，郷土意識・アイデンティティの基盤，国との関わりなどの諸点から見て，住民にとって最も重要な地方的生活単位であると述べている。ゆえに自県学習は，人々が社会生活を行っていく上での基盤であり，児童・生徒の人間形成に大きな役割を果たすものと強調している。

　上述をふまえ，比較地誌の視点を取り入れた授業開発を行い，自県学習の補足を行う。具体的には，北海道（県／地方）の学習において，群馬県を対象とした比較地誌学習を構想する。小学校社会科（第4学年）では，県内の特色ある地域の様子の単元で取り上げ，その冒頭の特設授業（本時）の目標，展開，評価を示す。

　導入は，北海道と群馬県の面積，人口の違いを予想させる段階である。具体的には，北海道の面積の場合，群馬県の約5倍，約10倍，約15倍，北海道の人口数の場合，群馬県の約2倍，約3倍，約4倍といった選択肢を設け，予想させる。

　展開は，学習課題「北海道と群馬県は，具体的にどのような違いがあるか」を示し，地図帳を用いて，面積や人口数，海洋県や内陸県の状況を調べ，その他に類似する地域があるか，思考判断させる段階である。まず，両地域の面積や人口数，その差異（倍数）を読み取り，予想値（約15倍，約3倍）を確認する。続いて，北海道は海洋県（海に囲まれた地域），群馬県は内陸県（海がない地域）であることを示し，それぞれ接する海洋名（太平洋，日本海，オホーツク海），県名（新潟県，福島県，埼玉県，栃木県，長野県）を調べさせる。最後に，他に，海洋県（沖縄県）や内陸県（栃木県，埼玉県，山梨県，長野県，岐阜県，滋賀県，奈良県）はないか，調べさせる。

　終末は，北海道は，群馬県と比べ，面積，人口数，地形等の違いを文章表現できたか確認する段階である。具体的には，面積や人口の数値，差異（倍数），地名を用いて，ワークシートで説明させる。

## 5 中学校社会科における比較地誌学習の構想

　次に，中学校社会科（地理的分野）では，日本の諸地域学習（北海道）の単元で取り上げ，その終末の特設授業（本時）の目標，展開，評価を示す。

　導入は，北海道と群馬県を比べ，類似する自然環境や観光資源を予想させる段階である。自然環境の場合，山地・山脈，河川，平野・盆地，湖沼，海岸，降水量等を例示し，予想させる。観光資源の場合，自然環境に関連する内容に絞り予想させる。

　展開は，学習課題「北海道と群馬県は，類似の自然環境と観光資源は何か」

本時（50分）の目標（知識）
北海道と群馬県の地理的事象（自然環境・観光資源）の類似（共通）点を説明できる。

| 分 | 教員からの発問・指示 | 生徒に身に付けてほしい知識 |
|---|---|---|
| 導入 10 | 前時の確認<br>① 北海道と群馬県の類似する自然環境は何か<br>② 北海道と群馬県の類似する観光資源は何か | 山地・山脈，火山，積雪地等<br>温泉，スキー場等 |
| 展開 35 | 【学習課題】<br>　北海道と群馬県は，類似の自然環境と観光資源は何か<br><br>①両地域の類似の自然環境（地名）を調べてみよう（地図帳）<br>②両地域の類似の観光資源（地名）を調べてみよう（地図帳）<br><br>○発表共有<br>③ 表出した自然環境と観光資源には，どのような関係性があるか | 北：日高山脈，十勝岳，有珠山，登別温泉，ルスツリゾート（スキー場）等<br>群：越後山脈，草津白根山，浅間山，草津温泉，尾瀬岩倉（スキー場）等<br>山地・山脈（山）<br>火山の恵み（温泉利用）<br>雪山利用（スキー場立地） |
| 終末 5 | ●北海道と群馬県を比べ，類似する自然環境と観光資源の関係性について，授業を通じてわかったことを書いてみよう（ワークシート） | 自然環境と観光資源の関係性に着目しながら，両地域の類似点について文章表現できる |

本時の評価（知識）
北海道と群馬県を比べ，類似の自然環境と観光資源の関係性について説明できたか。

を示し，地図帳を用いて，自然環境（北海道の例：日高山脈，十勝岳，有珠山，群馬県の例：越後山脈，草津白根山，浅間山），や観光資源（北海道の例：登別温泉，ルスツリゾートスキー場，群馬県の例：草津温泉，尾瀬岩倉スキー場）の地名を調べ，どのような関係性があるか，思考判断させる段階である。まず，自然環境や観光資源の地名を読み取り，予想した内容を確認する。続いて，調べた内容を発表共有し，整理する。その後，整理した地名の関係性（自然環境と観光資源）について，思考判断させる。

　終末は，北海道と群馬県を比べ，類似する自然環境と観光資源を関連させながら文章表現できたか確認する段階である。具体的には，火山の恵みによる温泉の利用，雪山を利用したスキー場の立地といった類似点をワークシートで説明させる。


## 6 おわりに

　図2は，前節までの小・中学校社会科における比較地誌の学習構造を示したものである。いずれも，既存の学習単元の一部，特設授業として開発したものである。小学校では，北海道と群馬県を比べ，相違点から地域的特色を浮き彫りとし，日本全体から俯瞰（類似点）する視点も導入した。中学校では，北海

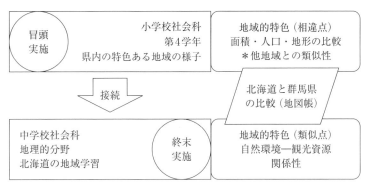

図2　小・中学校社会科における比較地誌の学習構造（構造図）

道と群馬県を比べ，類似点から地域的特色を浮き彫りとした。

　これらの学習活動は，比較地誌という視点から，相違点や類似点といった地域的特色を明らかにする過程で，多面的（小学校）・多角的（中学校）な考察を実現できる。すなわち，自県の地域的特色は，他地域との比較を通じて，相違点はもちろん類似点も気付かせることができる。結果，地域（自県）は，重層的な性格を有していることがわかる。

　さらに，高等学校地理歴史科の地理総合（必履修）や地理探究（選択）における地域調査・地誌的考察では，地理的主題や世界地域からの俯瞰で自県の地域的特色を深めることができるであろう。

### 文　献

群馬社会科教育学会編（2019）『小・中学校社会科における「群馬県学習」のカリキュラム開発に関する研究』群馬社会科教育学会.

佐藤浩樹・原口美貴子・菊地達夫・山口幸男編（2019）『テキスト初等社会科』学文社.

矢ケ﨑典隆・加賀美雅弘・古田悦造編（2007）『地誌学概論』朝倉書店.

山口幸男編（2011）『動態地誌的方法によるニュー中学地理授業の展開』明治図書.

（菊地　達夫）

# 4 宗教を視点とした中学校社会科の授業実践
—「平安遷都」・「EUの民族」・「文化の多様性」を例として—

## 1 はじめに

学習指導要領改訂（平成20年）や改正教育基本法（平成18年）などにより宗教知識教育の充実が教育現場で求められて約20年になろうとしている。その間，「言語活動の充実」や「対話的な学び」や「深い学び」については重視され，様々な研究，授業実践がなされてきたように思えるが，「宗教」の研究事例，研究実践例についてはあまりなされていないように思える。

そのような中において，筆者は今までに中学校社会科教科書の宗教に関する内容の検討を行い，「従来よりも宗教的内容は増えているが，その内容は三大宗教が中心であること」と「『日本の宗教』という視点がなく，教科書の内容も『日本の宗教』は仏教中心，神道軽視であること」を指摘した（日下部2013，山口2015，小林2015）。

宗教が日本や世界，過去および現在，個人または社会に大きな影響を与えてきたことを否定する社会科教師はいないであろう。しかしながら山口は「わが国の教育において『日本の宗教』という視点は忌避され，軽視されてきた」と述べている（山口2015）。中学校社会科において「宗教というものを教える」場面は地理的分野の「世界の宗教分布」や歴史的分野の「三大宗教のおこり」と「浄土信仰」，「鎌倉仏教」くらいではないだろうか。我々中学校社会科教師の多くは宗教というものを軽視し，または意識することさえなく授業実践を行っているように思える。

さらに中学生も「宗教」に関して「知識」，「関心」をほとんど持っていない（日下部2013）。

宗教は我々の文化や生活，考え方に大きな影響を与えてきたし，現在も与えている。であるにもかかわらず，宗教を軽視した授業を行うことは学習内容の表面的で浅薄な内容で終わることも多々あるのではないかと考えている。逆に言えば宗教を授業の視点とすることで，学習内容をより多面的にとらえさせることができるのではないだろうか。それは今現在，盛んに言われている「深い学び」にもつながるのではないだろうか。

　本稿は宗教を授業の視点とすることで，学習内容をより深く，多面的にとらえることを目的とした授業実践例について考察したものである。授業実践例は中学校社会科第1学年の歴史的分野「平安遷都」と地理的分野「EUの民族」，公民的分野「文化の多様性」であり，多くの授業実践では宗教という視点はあまり重視されていないのではないかと考えている。

## 2 「宗教」の定義について

　宗教をどのように定義するかは大変難しい問題であり，明確に答えを出すことはできないであろう。一般的に宗教の成立条件と考えられるのは「信仰対象」があり「開祖」が存在し，「教義」がありそれを記した「聖典」があるということであろう。キリスト教，イスラム教，仏教，神道について「信仰対象」，「開祖」，「教義」，「聖典」を**表1**のように分類した。

　表1のような分類はできるのであろうが，それで宗教の定義とはならないであろう。キリスト教，イスラム教，ユダヤ教などの一神教・契約宗教と仏教，

**表1**

| 宗教 | 信仰対象 | 開祖 | 教義 | 聖典 |
|---|---|---|---|---|
| キリスト教 | ヤハウェ イエス・キリスト | イエス・キリスト | 三位一体など | 聖書 |
| イスラム教 | アラー | ムハンマド | 六信五行 | コーラン |
| 仏教 | 諸仏 | ブッダ 釈迦 | 三法印，四聖諦，八正道など | 仏教経典 |
| 神道 | 八百万の神々 | 特に存在しない | 特に存在しない | 古事記・日本書紀など |

ヒンドゥー教などの多神教は「神」のとらえ方などに大きな違いがある。一神教において「神」は天地創造を成し遂げたすべての創造主であり，その神との「契約」を守ることこそが宗教を信仰するということである。

　仏教における「神」は「十二神将」のように「仏を守護するもの」というとらえ方が多いと考える。仏教の根本的な教えには「苦悩の原因である無知や欲望を断ち切ることにより安らかな気持ちになることができる」というものがある。このような教えは一神教の信者からすると「宗教ではなく哲学」であると考えるむきもあろう。

　神道も宗教という概念が適切かどうかは一概には言えないと思う。神道の基本的な価値観やふるまいの型は日本文化に浸透し，伝統文化の一部となっている。教義としてまとまっているわけでもなく他と明確に区別される信仰でもない。神道を「宗教」として積極的に参加している日本人は多くはないだろう（カスーリス　2014）。

　筆者は宗教の教義などをつまびらかにし，中学生に理解させることはほとんど意味のないことであると考える。宗教の定義は先に述べたように困難であり，宗教の教義は中学生の発達段階では理解できないことも多い。筆者は中学校社会科における宗教の定義については，「人知を超えた存在を崇拝し，精神的な安寧を得ることのできる教え」であると考えた。そうであれば，キリスト教，イスラム教，ユダヤ教などの一神教も，仏教やヒンドゥー教などの多神教も，そして神道のように明確な教義や聖典を持たないものも「宗教」と定義できる。その一方で，儒教は孔子という「信仰対象」，「開祖」が存在し，論語という「聖典」もあるが「人知を超えた存在の崇拝」とは言い難い面があり，儒教を「宗教」ととらえ授業実践することは適切ではないと考える。

## 3　宗教を視点とした授業の指導内容

### （1）歴史的分野第1学年「平安遷都」

　東京書籍の教科書の記述には，「天皇が仏教と僧を特に重んじたため，貴族

と僧の間で勢力争いが激しくなり，政治が混乱した」とあり，そのような「宗教的要因」が平安遷都の背景にあったことが判る。この「宗教的要因」を視点とすることで，奈良時代の仏教の特色や強大な影響力，最澄，空海による平安仏教と奈良仏教との相違点をより明確にすることができると考える。

　教科書には「平城京」と「平安京」の図が載せられており，「寺」を2つの図において探してみる。平城京の中には多くの寺が存在しているが，平安京の中には存在していない。平安京も時代が経つにつれて多くの寺院が造られていくが，平安京が造られた当初には都の中には寺がなかったのである。平城京は多数の強大な寺院が都の中に存在する仏法の都であるが，平安京は仏教色を完全に排除した都と言える。

　奈良時代の仏教は「鎮護仏教」であり，その力により伝染病，災害などから国家を守るものとされた。そのため僧と寺院は国家から厚い保護を受け，大きな力を持つに至ったのである。特に東大寺は都の東の高台にあり，天皇の住まいを高みから睥睨（へいげい）するような位置にあった。平城京は「天皇の都ではなく仏法，大仏の都」となっていたのである。

　さらに奈良仏教は「国家のための仏教」でありそこには「個人の救済」としての意識は低く，僧は寺の外での活動することさえ禁じていた。だからこそ行基のような社会事業を行う僧は稀であり，大きな支持を集めたのである。

　「宗教的要因」を視点に置き考察を行うことで，平安遷都は「仏教に影響を受けずに天皇中心の律令国家を再建する」という桓武天皇の政治的意思が導きだされるものと考える。また，最澄，空海の作り出した天台宗の延暦寺，真言宗の金剛峯寺が都から離れた山奥に置かれた理由や2つの仏教が「国の救済」から「個人の救済」へと変わった「新しい仏教」となった理解へとつながるものと考える。

## (2) 地理的分野第1学年「EUの民族」

　東京書籍にはヨーロッパの宗教について「キリスト教が広く信仰されており，ヨーロッパ共通の重要な文化」であるという記述がある。この記述に疑問

の余地などないのであるが，キリスト教のカトリック，プロテスタントの「労働」についての考え方の違いに視点を置くことでヨーロッパの文化の相違点，経済格差の深い理解につながると考えた。

　カトリックにとって「労働」は罪という考え方がある。旧約聖書にある有名なアダムとイブの話の中に，「神から禁止されていた"善悪の知識の樹の実"を蛇にそそのかされ食べてしまった，2人は神からエデンの園から追放され，イブには出産の苦しみを，アダムには働く苦しみを与えた。」というものがある。この話から言えるように労働は神から与えられた罪なのである。

　しかし，カルバンによる宗教改革により誕生したプロテスタントは「労働」は「神の御心に適うもの」とした。利潤の多寡は多いほど望ましいとされ，より多くの利潤を得るために寸暇を惜しんで勤勉に労働した。

　教科書には「ヨーロッパの言語分布」と「EU各国の一人当たりの国民総所得」という図がある。国民総所得が「3万ドル以上」はプロテスタントの国々であり，ポルトガル，スペイン，ギリシャなどのカトリックの国々は総じて低い傾向がある。

　国民総所得の生じる理由をすべて宗教に起因すると言うことなどできない。しかしこのような考察を通して，同じキリスト教でも宗派による違いや生活習慣，経済格差の一因にもなっていることが理解できるのではないだろうか。そしてこのような違いが多くある国々からなるEUという結びつきは決して簡単ではないことにも考えが及ぶのではないだろうか。


### (3) 公民的分野第3学年「文化の多様性」

　平成20年の学習指導要領及び平成29年の学習指導要領においても「伝統や文化，宗教」に関する学習を重視する観点が示されていた。この「伝統や文化」については公民的分野において授業実践が多く行われているのではないだろうか。また「文化と宗教」の関わりについても公民的分野の教科書の記述に「文化の大きな要素として宗教がある」とある。公民的分野においては「宗教」を直接的に指導するものではなく，「異文化理解」，「異文化交流」のため

には「異なる宗教の理解が不可欠」であるという内容になっているように考える。

　パリの出版社「シャルリ・エブド」がイスラム過激派による襲撃を受けたことは未だに大きな衝撃として筆者の記憶には残っている。また，バーミヤンの石仏がイスラム過激派により顔面を削り取られ，爆破されたことは宗教対立の深刻さを改めて感じさせた。宗教の違いがこのような蛮行を引き起こすのか。中学生というよりも多くの日本人には理解しがたい面があるのではないか。筆者は「モーゼの十戒」と「小泉八雲の日記の記述」を比較することにより，キリスト教やイスラム教，ユダヤ教などの一神教の特色を明確にし，宗教対立が起きる一因を明らかにし，異なる文化を尊重する態度の育成を試みた。

　小泉八雲が明治時代の島根県松江市で毎日目にしていた光景は，早朝，松江の人々が日の出に向かい深々祈る姿であった。深々と一礼しながら感謝や1日の平穏を願う言葉を口にしながら祈る姿。そこには誰に強制されたわけでもなく，ただ単に神々に挨拶をする純朴な日本人の宗教観があった。「モーゼの十戒」に見られるように一神教は人間に行動を強制する。神との契約を示し，それを守ることこそが宗教という考え方である。多神教の我々日本人は「宗教からの自由」があるが，一神教の人々は「宗教に規定された」生活を送ることになる。そのため一部の一神教徒には，神との契約を守るため極端な行動を起こす者も出る。

　我々日本人の宗教観は寛容であり，緩やかである。そういった宗教観を持つ日本人であるからこそ，異なる宗教，文化にも理解をしめし，望ましい異文化理解，異文化交流を行う資質を育成できると思う。


## 4 宗教を視点とした中学校社会科の授業実践

　宗教を視点として「平安遷都」と「EUの民族」，「文化の多様性」についての授業実践を行った。以下に本時の指導計画の略案を示す。

## 表2　本時の指導計画　「平安遷都」

| 学習活動 | 時間 | 指導上の留意点・支援 |
|---|---|---|
| 1. 平城京と平安京の違いを見つけ，学習課題を設定する。<br><br>なぜ平城京の中には寺があるのに，平安京ではないのだろうか | 5 | ○教科書にある平城京と平安京の図を比較する。違いが見つけられない生徒には「寺の位置」に着目するように支援を行う。<br>○奈良時代の仏教がどのような役割を持っていたのかを考えさせる。 |
| 2. 学習課題についての解決を図る。<br>3. 桓武天皇が行った政治改革について調べる。<br>4. 最澄と空海による平安仏教の特色について理解する。 | 30<br><br>15<br><br>10 | ○最澄や空海の平安仏教はなぜ山奥に寺を建てたのかを考えさせる。<br>○NHK「その時歴史が動いた　桓武天皇」の一部を視聴し，奈良の仏教勢力の強大さを検証する。<br>○桓武天皇が行った政治改革の目的は律令国家の再建であったことに気づかせる。<br>○奈良時代の「国家のための仏教」ではなく「個人の救済」を中心とした仏教であったことに気づかせる。 |

## 表3　本時の指導計画　「EU の民族」

| 学習活動 | 時間 | 指導上の留意点・支援 |
|---|---|---|
| 1. ヨーロッパの主な民族の特徴について理解する。<br>2. キリスト教の宗派の違いから学習課題を設定する。<br><br>労働が罪であったキリスト教において働くことを「善」としたのはカトリック，プロテスタント，正教会のどの宗派だろうか | 15 | ○ゲルマン系，ラテン系，スラブ系民族は言語や宗教に共通性があることに気づかせる。<br>○キリスト教の宗派では労働について異なる考え方が根本にあることに気づかせる。 |
| 3. 学習課題の解決を図る。<br><br>4. 現在 EU は経済格差や難民問題など多くの問題を抱えていることを知る。<br>5. 10年後の EU について予想する。 | 15<br><br>10<br><br>10 | ○教科書にある「ヨーロッパの民族分布」と「EU 格国の一人当たりの国民総所得」の図を比較し考えるように促す。<br>○共通した文化を持つものの，各国により経済，宗教など異なる面も多いことに気づかせる。<br>○10年後，EU 加盟国数は増加，減少，現状維持のいずれになるのかを考えさせる。 |

表4　本時の指導計画　「文化の多様性」

| 学習活動 | 時間 | 指導上の留意点・支援 |
|---|---|---|
| 1. バーミヤンの顔が削られた石仏の写真（1976年当時）を提示し，約30年後にはどうなったかを予想させる。<br>2. 2001年にバーミヤンの石仏が破壊された映像を流す。 | 10 | ○石仏は仏教徒が作ったものであり，顔を削り取ったのはイスラム教徒であることを知らせる。<br>○石仏を破壊したのはイスラム教徒からなるテロ組織タリバンであることを知らせる。 |
| 3. フランスの出版社シャルリ・エブドがイスラム原理主義者により襲撃された映像を流し，この事件に対してのフランス国民の意見とイスラム教徒の意見を紹介し，学習課題を設定する。<br><br>シャルリ・エブドの襲撃事件に対してフランス国民の意見とイスラム教徒の意見のどちらを支持しますか | 15 | ○シャルリ・エブド襲撃事件はテロ活動であり，その行為そのものは許すことのできない犯罪であることを生徒に知らせる。<br><br>○フランス人の「言論の自由」という主張とイスラム教徒の「自分たちの大切なものを尊重する」という考え方について考える。イスラム教徒のテロ行為という視点に立つことなく，公平に判断するように指示する。 |
| 4. フランス側の考えを支持する生徒とイスラム教徒側を支持する生徒が考えを発表する。 | | ○フランス側の意見に反対意見を持つ生徒，イスラム教徒側の意見に反対する生徒数名を指名し，考えを述べさせる。 |
| 5. 「モーゼの十戒」と「小泉八雲の日記」を比較し，イスラム教などの一神教の特色について理解する。<br>6. 異なる文化を持つ人々に対してどのような態度を持つべきか考えさせる。 | 15<br><br><br>10 | ○日本人とは違い，ただ一人の神との契約を守るという形態の一神教の特色について知らせる。<br>○自分たちと違う文化について理解し，尊重する態度がグローバル化が進む現代社会において大切な態度であることを知らせる。 |

# 5　おわりに

　筆者は宗教を視点とした授業実践を行うことで，以下のような成果が期待できると考えている。

　① 宗教が歴史上大きな影響力を持っていたこと。

　② 宗教は現代社会においても洋の東西を問わず大きな影響力があること。

　③ 宗教を考えることで多面的に社会事象を考察でき，深い学びにつながる。

　宗教を視点とした授業実践においては，試行錯誤を繰り返しながらも筆者

なりに研究を積み重ねているつもりである。しかしながら，「日本人の宗教の特性」について生徒に理解させる授業実践について筆者の研究，実践は不十分であると言わざるを得ない。

筆者の考える「日本人の宗教」の特性とは以下のようなものである。

① 神道と仏教の神仏習合という形態であること。

② 日本人は宗教に対して寛容でありゆるやかに信仰する民族であること。

③ 日本人は無宗教などではなく，篤い信仰心を持っていること。

このような知識や態度を生徒が身につけるためには，中学校3年間の指導計画に「日本人の宗教」という視点を明確に位置付け計画的，継続的な指導を行っていく必要があると考える。

2021年にはアフガニスタンにおいて，タリバンというイスラム原理主義の傾向の強い政権が国土を掌握した。今後，アフガニスタンは極めて宗教色の強い国家となっていくことが予想される。トランプ氏はアメリカ合衆国の大統領選挙で敗北したが，彼を支持する勢力の中で「キリスト教福音派」と呼ばれる勢力が大統領選挙戦において大きな影響力を発揮していた。アメリカ合衆国は「宗教国家である」という主張を筆者はたびたび耳にしている。

グローバル化が進む現代社会において，「宗教」という視点は今後ますます重要となってくるのではないだろうか。その中において，「宗教」について「知識も興味も持たない日本人」を作らないよう，我々教師は心していく必要があるのではないだろうか。

**主な参考文献**

宇治谷猛（1962）『続日本記』講談社文庫.

カスーリス，T. 著，守屋友江監訳，衣笠正晃訳（2014）『神道』ちくま学芸文庫.

日下部和広（2013）「中学校社会科公民的分野における「宗教」の取り扱いにおける一考察」『群馬社会科研究』第1号，pp.33-37.

小林禎（2015）「社会科教育における宗教——中学校教科書の記述検討を通して——」『群馬社会科研究』第3号，pp.18-27.

文部科学省（2018）『中学校学習指導要領解説　社会編』.

山口幸男（2015）「社会科教育における宗教学習のあり方──「日本の宗教という視座」──」『群馬社会科研究』第3号，pp.1-9.

（日下部　和広）

# 5 中学校社会科公民的分野の学習におけるICT活用
## ―「企業と経済」の実践を例に―

## ┃ 1 はじめに

　令和3年1月の中教審答申では，ICT について，「すべての子供たちの可能性を引き出す，『個別最適な学び』と，『協働的な学び』を実現させ，社会構造の変化に対応した教育の質の向上のための基盤的なツール」として位置付けた。併せて，「ICT を活用すること自体が目的化しないよう留意し，ICT をこれまでの実践と最適に組み合わせて有効に活用すること」を求めている。

　コロナ禍による全国的な1人1台端末の急速な普及により，現在，各教科等の授業においてタブレット PC や学習支援アプリ等を活用した授業実践や研究が盛んに行われている。群馬県桐生市の各小・中学校にも令和2年に1人1台端末（Chromebook）と校内 Wi-Fi 環境が整備された。このような変化の中で群馬県内の社会科の ICT 活用実践報告も徐々に増えてきているが，中教審が危惧したように ICT を活用すること自体が目的化してしまい，「公民的資質の基礎の育成」を見失っている実践も少なからず散見される。

　そこで，本稿では，まず，社会科授業における1人1台端末の活用目的や有効な活用場面について先行事例を確認する。そして，中学校社会科公民的分野「企業と経済」の授業実践を基にして，本単元で育みたい資質・能力を身につけさせるうえでの ICT 活用の有効性と配慮事項を考察する。

## 2 社会科の学習における端末活用の場面と目的

### (1) 情報整理や児童生徒のコミュニケーションの促進・補完のために

　宗實（2021）は，社会科における端末活用について，「学習課題を立てる場面」「調べる場面」「話し合う場面」「まとめ，ふりかえる場面」の4つの場面での活用を紹介している。「調べる場面」では，児童生徒が調べた事実を端末上のカードにまとめたり，それらのカードを思考ツール等で整理したり，それを基に課題に対する自分の考えをもつことが効果的だとしている。また，「話し合う場面」では，事前に学習支援アプリ上で自分の考えをカードに書き，共有して話合いを行うことを推奨する。その理由として次の4点を挙げている。

　①根拠をもって話し合いに参加できるようになること

　②自分の考えを提出するのでお客様状態がなくなること

　③共有化が図られるので関わり合いが生まれること

　④新たな考えが生まれやすくなること

　このように，宗實は，情報整理や児童生徒同士のコミュニケーションの促進・補完に端末活用の価値を強く見いだしている。そして，「端末を取り入れた今だからこそ，協同で学ぶことの意味を問い直さなければな」らず，「集団の中で関わり合いが生じる端末活用を意識」することが重要だとした。

### (2) 問題解決的な学習過程における学習活動の促進のために

　群馬県教育委員会では，かねてより教職員向け冊子「はばたく群馬の指導プランⅡ」を発行し，主体的・対話的で深い学びに向けた授業改善のポイントを示してきた。その続号である「ICT活用Version」では，「つかむ」「追究する」「まとめる」過程の単位時間における基本的な流れにおける具体的指導・支援に追記をする形でICT活用例を示している。ICT活用例は，児童生徒用の端末活用と，教師用の端末や大型提示装置の活用の両面から紹介している。児童生徒の端末活用では，個別最適な学びに関わる「学習データの再生・蓄積」や「調査活動」，「考えと根拠の整理」等と，協働的な学びに関わる「協働での

意見整理」「協働制作」等に細分されて示されている。

　特に，「追究する」過程の「集団で視覚的に考えを整理・様々な方法で表現する」活動では，児童生徒の考えの取り上げ方やより思考を深める視点の提示，ゆさぶりの発問等といった教師の指導・支援の重要性を強調している。

　このように，群馬県教育委員会では従来から推奨してきた問題解決的な学習過程の学習活動を広くカバーする形で端末活用場面を想定し，授業改善の一手段としてICT活用を位置付けている。そして，児童生徒の問題解決を促進するためにICT活用と教師の適切な指導・支援を両輪とし，その合致を重視している。

## (3) 児童生徒の学習の振り返りと評価の充実のために

　岡田（2021）は，授業の振り返りと評価において端末を活用することで，「子どもの社会の学びがより意味あるものになる」と主張する。その理由として次の3点を挙げている。

① 従来の記述に加えて図表，イラスト，写真，動画等，振り返りの表現を豊かにする，即時に共有したり視覚化したりする，データを長期間保存する等，技術的にできることが拡張するため。

② eポートフォリオ（授業の振り返りを端末上に蓄積したもの）の活用により，児童生徒の社会に対する認識やイメージ，価値観の変化，思考の過程等，より豊かに児童生徒の学びに関する特徴や変化を捉えられるため。

③ 児童生徒が互いに自分のeポートフォリオを紹介し合い，認め合ったり質問したりするといった対話を通して結び付き，教室空間における社会（共同体）をつくるため。

　このように，岡田は，児童生徒が自身の学びを見つめ直す機能と，教師が児童生徒の学びの状況を把握する機能，それぞれの充実に向けて振り返り活動における端末活用を推奨している。

　以上，宗實，群馬県教育委員会，岡田らの考えを基に，社会科授業における端末活用の目的と有効な活用場面を見てきた。社会科の問題解決的な学習に

おける「つかむ」「追究する」「まとめる」の各過程の多様な場面で端末活用は可能であり，授業づくりに際して以下の3点に留意することで「ICTを活用すること自体の目的化」を回避できるものと思われる。

① 各単位時間の「調べる場面」「話し合う場面」では，端末を活用することで，情報の整理や児童生徒のコミュニケーションを促進・補完できる。

②「集団で視覚的に考えを整理・様々な方法で表現する場面」では，端末活用はもとより，児童生徒の考えの取り上げ方やより思考を深める視点の提示，ゆさぶりの発問等といった教師の指導・支援が重要である。

③「学習を振り返る場面」では，端末を活用することで，児童生徒自身の学びの振り返りや評価が充実する。

　上記の社会科授業における端末活用の目的と有効な活用場面を参考にして，中学校社会科公民的分野「企業と経済」の単元を構想することとした。

## 3 授業実践の実際　中学3年「企業と経済」

### （1）単元の構想

　生徒たちはこれまでに，「私たちの生活と経済」の学習において，身近な消費生活の事例や価格の働きに着目し，市場経済の仕組みを調べ，対立と合意，効率と公正の視点から経済活動の意義や市場経済の基本的な考え方について理解してきた。このような生徒たちが，企業が社会に対して果たすべき役割や責任について多面的・多角的に考え，市場経済の仕組みを生産者の視点から理解できるようにしたい。また，企業が社会の発展のために様々な工夫を凝らして活動をしている様子を捉えることで，生徒自らも企業との関わりを通して社会全体の発展のために尽くそうとする態度を養うことができるようにしたい。そこで，以下のように単元を構想した（**表1**）。

　なお，本単元では，端末活用について以下のように具体化して設定した。

### ① Webサイトや動画共有サイトの活用

　企業の経済活動の様子や労働者の権利を守る仕組み等を調べる場面では，

表1　指導計画（全8時間）

| 目標 | 企業の経済活動における役割と責任や社会生活における職業の意義と役割及び雇用と労働条件の改善について多面的・多角的に考察し，表現する学習を通して，現代の生産や金融などの仕組みや働き，勤労の権利と義務，労働組合の意義及び労働基準法の精神について理解するとともに，自らも企業との多様な関わりを通して社会全体の発展に貢献しようとする態度を養う。 |
|---|---|
| 評価基準 | （知識・技能）企業の経済活動や金融の仕組みに関するさまざまな資料から，社会・経済の動きを適切に読み取り，要点を図表などにまとめるとともに，企業活動や金融などの仕組みや役割を理解し，勤労の権利と義務，労働組合の意義，企業の社会的責任などについて理解している。<br>（思考力・判断力・表現力等）企業の役割や責任，金融の役割，職業の意義及び雇用と労働条件の改善について，さまざまな資料を基に課題を見いだし，「対立と合意」「効率と公正」などの見方・考え方を働かせて，多面的・多角的に考察し，その過程や結果を適切に表現している。<br>（主体的に学習に取り組む態度）企業の経済活動や金融に関する諸問題について，現代社会に見られる課題の解決を視野に主体的に社会に関わろうとしている。 |

| 過程 | 時間 | 学 習 活 動 |
|---|---|---|
| つかむ | 1 | ○「よい企業」の条件について自分なりの考えをもち，個人で起業プランをつくり，単元の課題と学習計画を立てる。<br>単元の課題<br>経済活動を活発にしていくために，企業はどのような役割や責任を果たすべきか。 |
| 追究する | 1 | ○企業の種類や有限会社と株式会社の違いを調べ，企業活動の仕組みについて理解したことを基に，「企業形態・場所」の視点で自分の起業プランを見直す。 |
| | 1 | ○銀行などの金融の仕組みを調べ，金融の役割について理解したことを基に，「資本金や資金調達の方法」の視点で自分の企業プランを見直す。 |
| | 1 | ○企業競争の具体的な事例を調べ，国民生活への影響と企業競争の役割について理解したことを基に，「利益を上げる方法（セールスポイント）」の視点で自分の企業プランを見直す。 |
| | 1 | ○労働者の権利や女性，外国人労働者の就労をめぐる法律や社会の変化の具体的事例を調べ，労働者の権利を守る仕組みについて理解したことを基に，「雇用機会」の視点で自分の企業プランを見直す。 |
| | 1 | ○「働き方改革」に関わる問題や取組を具体的に調べ，日本の労働環境の変化について理解したことを基に，「労働形態や労働環境」の視点で自分の企業プランを見直す。 |
| | 1 | ○企業が社会貢献のために行っている活動を具体的に調べ，企業の社会的責任について理解したことを基に，「SDGs」の視点で自分の企業プランを見直す。 |
| まとめる | 1 | ○企業プランを互いに評価し合あう投資ゲームを行い，「よい企業の条件」とその理由を話し合い，単元の課題の答えをまとめ，表現する。<br>単元のまとめ<br>経済活動を活発にするために，企業にはたくさんのモノやサービスを生産したり，新しい商品や技術を開発したりする役割がある。また，労働者の権利を守ったり，社会に貢献したりして国民生活をより豊かで便利なものにし，社会を支える責任がある。 |

実社会の情報や事例を具体的に調べることができるように，インターネットの Web サイトや YouTube 等の動画共有サイトを活用する。

② 学習アプリ「ミライシード」の活用

　調べた事実や互いの考えを共有したり，話し合ったりする場面では，より多くの考え方に触れ，異なる複数の考えの相違点を見いだして新たな考えをもてるように，「ミライシード」を活用し，調べたことや考えをスライドに端的にまとめたり，共有機能をもつ「オクリンク」で提出したスライドを閲覧し合ったりする。

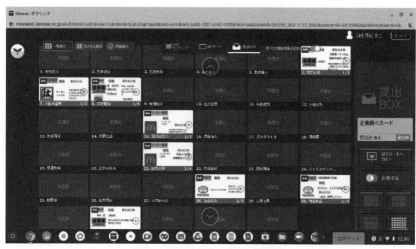

図1　オクリンクでの共有画面

③ Google Workspace アプリの活用

　各単位時間の振り返り活動において起業プランを作成する場面では，一人一人が端末上で保存・蓄積できる Google Workspace アプリの「ドキュメント（Google Docs）」を活用する。なお，投資ゲームを行う場面では，「クラスルーム（Google Classroom）」上に各自の起業プランをアップロードして共有する。また，投資ゲームの振り返り活動では，生徒が「フォーム（Google Forms）」上に振り返りを記入して，教師が「スプレッドシート（Google Sheets）」上で集計し，

「クラスルーム」で共有する。

## (2) 学びの実際

ここでは，企業の役割や責任を追究する本単元の中から，企業競争の役割を考える第4時の様子を中心に取り上げ，生徒の学びの実際と端末活用の有効性を明らかにする。

### ① 導入

まず，生徒たちは，教師がYouTubeで提示した2つの回転寿司店のCM動画を比較視聴した。そして，2つの企業が15秒間のCMの中で価格だけでなく品質のよさや子供向けメニューなど異なるアピールポイントを放送していることに気付いた。そこで，教師は「企業競争が進むことはみんなにとって良いことか」と問いかけた。生徒は周囲と意見を交換し合ったが，はっきりとした考えをもつには至らず，本時の課題「企業競争にはどのようなものがあり，私たちの生活にどのように影響しているか」をつかんでいった。

### ② 展開

次に，生徒たちは，企業競争の具体的な内容を調べるため，まず，9つの班に分かれて調べたい業界を話し合った。教師はあらかじめ生徒に身近で聞き馴染みのある企業の多い「回転寿司」「自動車」「牛丼」「ハンバーガー」の4業界を取り上げ，生徒に選択するよう促した。そして，生徒はミライシードのオクリンクで，企業名や共通する商品の価格，具体的な工夫等の視点と記入枠を示したスライドを教師から受け取り，各企業のWebページを検索し始めた。

牛丼業界を調べることになった1班の生徒Gは，牛丼店Yの牛丼並盛の価格が430

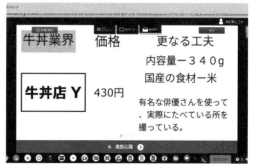

図2　生徒Gの班のスライド（1枚目／3枚）

円であることに加え，味の良い国産米や安
全なアメリカ産牛肉を使用していること，
ＣＭに有名女優を起用していることなどを
調べ，ノートにメモをした。そして，まとめ
役の生徒Ｃが各班員の調べた内容をオクリ
ンクのスライドに入力して提出した。

図3　生徒Ｇの班の様子

　各班のスライド（全9枚）がオクリンク上の「提出箱」にアップされると，生徒
Ｇは早速ハンバーガーや自動車といった自分が調べていない業界のスライドを
見始めた。そこで，教師は，企業競争における多様で具体的な努力について，
生徒が視点を定めて考えられるように，「共通していること」を探すよう全体
に促した。すると，生徒からは，「価格を下げること」「産地へのこだわり」「品
質の向上」「安全性を確保すること」「環境へ配慮すること」などが発言され
た。

　続いて，生徒はこのような企業競争が自分たちの暮らしに及ぼす影響を話
し合った。生徒Ｃは「企業努力によって経済が活性化する」と発言し，他の
生徒は「環境対策になる」などを挙げた。教師はこの生徒Ｃの「経済が活性
化する」ことを取り上げて称賛した。すると，生徒は，企業競争によって経済
活動が活性化することが国民生活の豊かさや便利さの向上につながっている
ことを理解していった。その後，生徒は，企業競争が正常に行われず，一部の
企業が市場を占めることを独占・寡占ということや，それが国民生活に不利益
を及ぼすことがあること，独占禁止法に基づいて公正取引委員会が監視をし
ていること等について，教師とのやり取りを通
して理解していった。

③ まとめ・振り返り

　生徒は，教師とともに本時の課題に対して次
のようにまとめ，ノートに記述した。

図4　企業プランを見直す
　　　生徒Ｇ

> まとめ　企業競争には，商品の品質や価格が安定したり，開発が進んだり
> することで，国民生活をより便利で豊かにする役割がある。

　最後に，生徒は各自の端末で Google Workspace アプリの「ドキュメント」を
立ち上げ，「利益を上げる方法（セールスポイント）」の視点から自分の企業プラ
ンを見直した。誰にでも使いやすい装飾品の製造・販売店の起業プランを考え
ていた生徒Gは，「ビニール袋を使わずにきれいな紙箱に入れて渡す」などと
記述し，これまでのプランを修正していた。

図5　生徒Gの起業プラン（完成時）

④　「まとめる」過程における投資ゲームの様子と生徒の学び（第8時）

　「まとめる」過程である第8時では，起業
プランを紹介し，互いに評価し合った。同時
に投資家として，優れた起業プランを選び，
元金500万円を投資する投資ゲームを行っ
た。生徒たちは数ある起業プランの中から
出資を決めた理由について，以下のように
フォームに記している（表2）。

図6　投資ゲームを行う様子

### 表2 生徒が出資を決めた理由（一部抜粋，下線は筆者）

○ G君の企業がすごくよい企業だと思いました。<u>お客様を大切</u>にしたり，<u>脱プラ</u>していたり，ビニール袋じゃなくて，お店の箱を使うのもいいと思いました。
○まず環境対策を行っていて，<u>利益を上げる方法</u>を他の企業とコラボするなどして工夫していた。そして，<u>開業場所が駅の近く</u>など比較的人が行きやすいところにしていたから。
○<u>社員の配慮</u>，<u>株主への優待</u>や，環境に配慮した業務が行えるかという視点で選びました。
○<u>福利厚生</u>がとても充実していて<u>労働者目線</u>からしたらとても働きたくなるような会社で<u>SDGsへの取り組み</u>もしっかりしていて社会的な目線からもとてもいい会社だったから。

　このように，投資ゲームを通してよい企業の条件を探るとともに，下線部のように企業が果たすべき役割や責任を多面的・多角的に考察したり他者の意見から補完したりしていることが伺える。また，互いの起業プランを比べてよさを見つけ，生徒同士の結び付きが強まっている様子も見受けられる。

　本単元の最後には単元の課題である企業の役割と責任について自分なりの答えを導き出した。生徒Cは，フォームに次のように記している（表3）。

### 表3 生徒Cの単元のまとめ

○企業の利益だけではなく，消費者の目線や環境への配慮をする責任があることを感じました。
○起業をするときは，労働者のことを考えて起業をしないと，働き手が確保できないと思いました。
○給料を高くしすぎても企業が倒産してしまうので，バランスの取れた労働や給料を設定する必要があると感じました。

　以上の姿から，生徒たちは企業の役割や責任について理解するとともに，企業との多様な関わりを通して自らも社会全体の発展に貢献しようとする態度を養えてきていると考えられる。

# 4 成果と課題

　本稿では，宗實，群馬県教育委員会，岡田らの考えを基に，社会科授業における1人1台端末の活用目的や有効な活用場面について考察するとともに，「企業と経済」の単元を構想・実践し，生徒の学びの姿に照らしてその有効性を検証した。その結果，次のような成果と課題が得られた。

① 本実践では，調べる場面で Web ページを検索し，分かったことを学習アプリ上のスライドにまとめさせ，共有した。これにより生徒は端末画面を見合いながら調べた企業競争の具体的事例を紹介し合った。また，調べてわかったことを基に話し合う場面では，教師が視点提示をしたことで，生徒が多様な情報を整理して概念化することができた。

② 本実践では，各単位時間の振り返る場面では起業プランの作成を，また単元を振り返る場面では投資ゲームを設定した。生徒が学習内容を生かして自分の起業プランを繰り返し修正したり，自己の理解の深まりを自覚したりする上で Google Workspace アプリの活用は有効といえる。また，起業プランを見合い，より多面的・多角的に企業の役割と責任を考察したり，互いの学びを認め合ったりする上で，学習アプリでの共有は有効といえる。

③ ①②を考慮した授業づくりは ICT 活用の目的化を回避する一方法であることが明らかとなった。しかし，本考察は公民的分野の一単元の学習における端末活用の有効性の検証に留まるため，さらに他の単元や地理的・歴史的分野でも検証の必要がある。

**参考文献**

岡田了祐 (2021)「ICT を活用した授業振り返りと評価　使うべき3つの理由」『社会科教育』No.748号，明治図書，pp.32-35.

群馬県教育委員会 (2021)「はばたく群馬の指導プランⅡ　ICT 活用 Version」(2021.7.31改訂).

宗實直樹 (2021)「端末導入で変わる授業の『カタチ』」日本文教出版 (教授用資料).

（須永　博紀・谷田部　喜博）

# 6 高校地理における「日本地理かるた」を活用した日本地誌学習
―中学校地理「日本の諸地域学習」の学び直しとして―

## 1 問題の所在

　平成10年告示の学習指導要領中学校社会科地理的分野では，見方・考え方，調べ方といった方法知が重視され，「日本の諸地域学習」などの内容知は軽視された。その結果，日本の都道府県の特色を知らないまま，高校に進学してくる生徒が少なくなかった。筆者は高校地理の授業で生徒に尋ねたことがある。「みんなが将来福山の会社で働くことになったとするね。福山の位置はわかる？　福井だったらどう？」と。岡山から近い福山の位置はほとんどの生徒が知っていたが，福井については知らない生徒が少なくなかった。また，海外に留学していた卒業生が次のような体験を話してくれた。「アメリカに行って英語は話せるようになりましたが，アメリカの大学生から日本のことを聞かれて何も答えられず，とても恥ずかしい思いをしました。留学する前に日本の自然や社会についてもっと勉強しておくべきだったと思います」。

　これらのことは，「日本の諸地域学習」は，生徒が生きていく上で必要な学習であることを示している。したがって，その学習が不十分な状況を考えると，学び直しをする必要があろう。高校地理では日本の諸地域について学ぶ単元はないが，学び直しをする最後のチャンスとなる。そこで，筆者は，2010年度，定期試験（4回）に日本の都道府県の名称と位置を答える問題を出題した。回答状況は良好だったので一定の成果はあったと思われる。しかし，都道府県の自然や社会の特色については全く取り上げられなかった。

　そのような中，全国地理教育学会が2010年11月に「日本地理かるた」を完成させた。このかるたは全国47都道府県を読み込んだもので，競技を楽しみ

ながら都道府県の学習ができるように制作されたものである。読み札は全国地理教育学会日本地理かるた制作委員会（山口幸男委員長）が中心となって作成し、5・7・5の句にのせて、各都道府県の特色を的確に表現している。また、絵札は画家の佐藤大樹氏が描いたもので、各都道府県のすがたを美しく表現している（佐藤・今井・山口：2011）。

　このかるたは、47都道府県の特色を的確な文章と美しい絵で表現しているため、かるた競技を体験することで、日本の自然や社会の特色をおおまかに理解することができる。もちろんかるたを数回実施しただけでそのすべてを理解することは難しいが、その一部だけでも理解できれば、学び直しとしての価値があると思われる。また、かるたにはゲーム的な要素があるため、日本の都道府県の内容を楽しく学ぶことができる。電子ゲームや携帯電話に慣れた生徒達にとって、かるたというアナログな教材は新鮮なものとなるだろう。

　以上のような問題意識から、筆者は、2010年12月にかるたを用いた日本地誌学習を実施した。本稿ではその授業実践について報告する。授業の対象は2010年度に岡山市立岡山後楽館高等学校（以後、同校とする）で地理Aを履修した5クラス72人の生徒である。

## ❘ 2 「日本地理かるた」を活用した高校地理の授業実践

　「日本地理かるた」を活用した授業は、12月下旬（後期中間試験終了後）に実施した。授業のテーマは「かるたをして日本地理に詳しくなろう！」、目標は「かるた競技を行うことで、日本地誌に興味を持たせ、47都道府県の特色を理解させる」ことである。以下、その内容を、授業の導入、展開、まとめと順を追って報告する。なお、同校の授業時間は1コマ90分である。

① 導入部（20分）

　授業は普通教室ではなく特別教室で実施した。その理由は、①絵札を広げられる大きいテーブルが数台あること、②他の普通教室から離れているため、競技中にまわりの教室に迷惑をかけるおそれが少ないことである。

まず，特別教室に集まってきた生徒に4人か5人のグループを作るように指示し，グループごとに着席させた。そして，先述した「日本地理かるた」を使った授業の目的について説明したあとで，47都道府県について知っていることを，ワークシートに1つずつ書かせた。これはかるたを実施したあとで都道府県の特色に関する認知がどのように変化するかを検証するためである。

② 展開部（50分）

　かるた競技は1回戦から3回戦まで行った。かるた競技の目標は，日本の都道府県について興味を持ち，その特色を知ることにあるので，読み札を読んだあとで，1県ずつ都道府県の特色について補足説明を行った。かるたを始める前は生徒がかるた競技に熱中するかどうか多少心配をしていたが，競技は白熱し，読み札を読み上げるたびに，大きな歓声が上がった。

③ まとめ（20分）

　まとめの部分では，かるた競技を通じて感じたこと，わかったことをワークシートに記入させた。具体的には，①かるたが楽しかったかどうかとその理由，②印象に残った絵札，③かるたについての自由回答，④47都道府県それぞれについて思いつくことの4点について記述させた。


# 3 「日本地理かるた」を活用した授業に対する生徒の反応

## （1）かるた競技の楽しさとその理由

　かるた競技への楽しさ（関心）は驚異的な高さを示した。かるた競技が面白かったと答えた生徒は64人（88.9%）にのぼった。それに対して，かるた競技が面白くなかったという生徒は全く存在せず，どちらでもなかったという生徒はわずか8人（11.1%）であった。

　「面白かった」という生徒にその理由を尋ねたところ，「かるたをやってみんなで盛り上がったから」という意見が22人（30.6%）と最も多かった。このように生徒同士の人間的なふれあいが高く評価されたことは教育的側面で注目に値する。また，「各都道府県の特徴（名産物や名所）がわかったから」という意

見も11人（15.3％）と多かった。このことは，「日本地理かるた」が地理教材として高い有用性を持つことを示している。さらに，「かるたを久しぶりにやったから」という意見をあげた生徒も8人（11.1％）存在した。携帯電話や電子ゲームなどに慣れた高校生にとって，かるたは新鮮な喜びを与えたものといえる。

## （2）印象に残った札

表1は，生徒の印象に残った札について示したものである。この表から次の4点を指摘できる。

第1点は，人間を描いた絵札が生徒の印象に強く残ったことである。（せ）の札が印象に残ったという生徒が21人（29.2％）と最も多くなっているが，この絵札には西郷隆盛の肖像絵が大きく描かれている。また，（ほ）と（け）の絵札をあげた生徒も多いが，（ほ）にはクラーク博士の銅像が，（け）には宮沢賢治と石川啄木の肖像画が描かれている。その他，高校球児を描いた（ね）の絵札，温泉で湯もみをする女性が描かれた（ぬ）が印象に残ったという生徒も見られた。

### 表1　生徒の印象に残った札

| 印象に残った札 | | 人数 |
|---|---|---|
| （せ）　西郷（せご）どんと　薩摩隼人と　桜島 | ［鹿児島］ | 21人（29.2％） |
| （ほ）　北海道　北の大地に　Boys be ambitious | ［北海道］ | 12　（16.7） |
| （け）　賢治・啄木　岩手が誇る　二大詩人 | ［岩手］ | 8　（11.1） |
| （む）　室戸沖　荒波泳ぐ　土佐鰹 | ［高知］ | 8　（11.1） |
| （ま）　マスカット　ピオーネ白桃　岡山県 | ［岡山］ | 7　（9.7） |
| （ね）　熱球が　飛び交う兵庫　甲子園 | ［兵庫］ | 6　（8.3） |
| （く）　車の生産　日本一の　愛知県 | ［愛知］ | 5　（6.9） |
| （ぬ）　ぬくもりの　草津と伊香保は　群馬の温泉 | ［群馬］ | 4　（5.6） |
| （と）　栃木県　足尾・日光　とちおとめ | ［栃木］ | 4　（5.6） |
| （と）　鳥取県　山は大山　海には砂丘 | ［鳥取］ | 4　（5.6） |

注1：複数回答である。
注2：4人以上（授業出席者72人の5％以上）にみられた回答を示している。

第2点は，方言や外国語の読み札が生徒に強い印象を与えたことである。前述のように，(せ) の読み札が印象に残ったという生徒は21人で全体の29.2%にものぼるが，その読み札には，西郷隆盛が「西郷 (せご) どん」という薩摩弁で表記されている。また，(ほ) の読み札が印象に残ったという生徒も12人 (16.7%) と多くなっているが，その読み札には「Boys be ambitious」という英語が用いられている。

　第3点は，食べ物に関する絵札も印象に残ったようである。(む) の絵札が印象に残ったと回答した生徒は8人 (11.1%) 存在するが，その絵札には室戸沖を泳ぐ土佐鰹が大きく描かれている。また，(ま) の絵札が印象に残ったという生徒も7人 (9.7%) 確認されるが，その絵札にはマスカットと白桃の絵が描かれている。また，数は多くないが，栃木県で取れるいちご (とちおとめ) の絵札が印象に残ったという生徒も見られた。

　第4点は，岡山県の絵札が印象に残ったと答えた生徒が7人 (9.7%) と多かったことである。岡山県の絵札が印象に残ったという回答は，鹿児島県，北海道などに次いで5番目に多くなっている。このことは，日本全国のかるたをする際にも，故郷である岡山県を強く意識している生徒が少なくないことを示している。

## (3) かるたに対する自由回答

　**表2**は，かるたに対する自由回答をまとめたものである。この表を見ると，「日本の都道府県には色々な特色があることに気付いた」という回答が37人 (51.4%) と最も多かった。このことは，「日本地理かるた」が日本地誌の教材として優れていることを示している。また，30人 (41.7%) の生徒が「かるたが楽しかった」，8人 (11.1%) が「かるたをまたやりたい」，5人 (6.9%) が「絵札をあまり取れなくて残念だった」という回答を寄せている。これらの意見は，生徒がかるた競技に熱中していたことを示している。さらに，「絵札の絵がかわいい (もしくはきれい)」という感想をあげた生徒が10人 (13.9%) いた。山口幸男全国地理教育学会会長の話では，ある出版社の人から，「このかるたの絵札

表2 「日本地理かるた」に対する生徒の自由回答

| 具体的な感想 | 人数 |
|---|---|
| 日本の都道府県には色々な特色があることに気付いた。 | 37 (51.4%) |
| かるたが楽しかった。 | 30 (41.7) |
| 絵札の絵がかわいい（もしくはきれい）。 | 10 (13.9) |
| かるたをまたやりたい。 | 8 (11.1) |
| かるたは都道府県の特色を楽しみながら覚えられる点がよい。 | 5 (6.9) |
| 絵札をあまり取れなくて残念だった。 | 5 (6.9) |

注1：複数回答である。
注2：授業出席者の5％以上（4人以上）の回答があった項目を示している。

は若い人には評価されない」と言われたそうであるが，同校の生徒には好評で
あったといえる。

## （4）かるたによる都道府県に関する認知の変化

　表3は，47都道府県について思いつくことを書かせた結果から，都道府県の
認知の変化について示したものである。

　栃木県の「U字工事」，埼玉県の「クレヨンしんちゃん」のように，かるた
実施前は，テレビタレントやアニメのキャラクターが中心になっていたが，か
るた実施後は，かるたに書かれている内容が上位にあがることが多くなった。
特に北海道は，かるた実施前にはなかった「クラーク博士」や「Boys be
ambitious」が1位と2位になっており，兵庫県は甲子園が実施前が2人であっ
たが，実施後は21人に増加している。これらのことから，かるたを活用した
学習によって，生徒の都道府県の捉え方がより豊かになり，より広がり，より
地理的になったといえる。

　沖縄県に関しては，かるた実施前でも認知度が高く，シーサー，海，米軍基
地，ゴーヤ，サーターアンダギーなど，詳細な内容が多く記述されていた。こ
れは，2010年度，同校では希望者が修学旅行で沖縄を訪問したため，地理Aを
履修しているかなりの生徒が沖縄の名所を見学したと考えられる。しかし，実
施後に「琉球」「首里城」が多くなっている点は，かるた実施の影響といえよう。

## 表3 「日本地理かるた」による都道府県の認知の変化

| | かるたを実施する前 | | かるたを実施した後 | |
|---|---|---|---|---|
| 北海道 | じゃがいも | 14人 | クラーク博士 | 24 |
| | 寒い | 6 | ボーイズビーアンビシャス | 17 |
| | かに | 6 | じゃがいも | 8 |
| | 牛 | 5 | 牛 | 7 |
| | 広い | 5 | | |
| | 牧場 | 3 | | |
| 岩手 | | | 宮沢賢治 | 5 |
| 栃木 | U字工事 | 10 | いちご | 9 |
| | 餃子 | 8 | 餃子 | 9 |
| | いちご | 5 | とちおとめ | 7 |
| | | | U字工事 | 6 |
| 埼玉 | クレヨンしんちゃん | 9 | 新都心 | 8 |
| | | | スーパーアリーナ | 4 |
| | | | クレヨンしんちゃん | 4 |
| 東京 | 都市・都会 | 15 | 首都 | 24 |
| | 首都 | 10 | 国会議事堂 | 13 |
| | スカイツリー | 4 | 都心・都会 | 7 |
| | 人口が多い | 4 | 東京タワー | 3 |
| | 秋葉原 | 4 | 日本の中心地 | 3 |
| | 日本の中心地 | 3 | | |
| 愛知 | 地球博・万博 | 16 | くるま・車 | 19 |
| | 豊田・トヨタ | 6 | 地球博・万博 | 12 |
| | くるま | 3 | 豊田・トヨタ | 9 |
| 大阪 | たこやき | 26 | 大阪城 | 22 |
| | USJ | 5 | たこやき | 22 |
| | おこのみやき | 4 | くいだおれ | 3 |
| | お笑い芸人 | 3 | | |
| 兵庫 | 神戸 | 10 | 甲子園 | 21 |
| | 明石焼き | 6 | 明石焼き | 6 |
| | 神戸ルミナリエ | 5 | 神戸牛 | 5 |
| | 神戸牛 | 4 | 神戸 | 5 |
| | 明石海峡・橋 | 3 | 淡路島 | 5 |
| | 姫路城 | 3 | 姫路城 | 3 |
| 岡山 | もも | 36 | もも | 42 |
| | マスカット | 24 | マスカット | 36 |
| | ももたろう | 10 | ぶどう | 5 |
| | ぶどう | 5 | ピオーネ | 3 |
| | フルーツ | 3 | ももたろう | 3 |
| | | | フルーツ王国 | 3 |

| 徳島 | ラーメン | 12 | あわおどり | 14 |
| | あわおどり | 9 | ラーメン | 13 |
| | なると | 6 | うずしお | 7 |
| | | | なると | 7 |
| 鹿児島 | 桜島 | 10 | 西郷隆盛（せごどん） | 19 |
| | 西郷隆盛 | 7 | 桜島 | 10 |
| 沖縄 | シーサー | 9 | 琉球 | 24 |
| | 海 | 7 | シーサー | 11 |
| | 米軍基地 | 7 | 首里城 | 7 |
| | ゴーヤ | 5 | 米軍基地 | 6 |
| | サーターアンダギー | 5 | 海 | 4 |
| | ちゅらうみ | 5 | ソーキそば | 3 |
| | 暑い | 4 | | |
| | 琉球 | 3 | | |

注1：3人以上から回答があった項目について示している。
注2：下線部は，「日本地理かるた」に関連する語句を示している。

# 4 おわりに

　以上，本稿では，「日本地理かるた」を活用した高校地理の授業実践と成果について述べてきた。その結果は以下のように要約される。

　かるた競技は2010年12月に実施した。まず，かるた大会を円滑に行うため，特別教室に生徒を集合させた。そして，4〜5人で1グループを作るように指示した。その後，かるた競技の目的について説明したあとで，47都道府県の特色について知っていることをワークシートに記入させ，かるたのルールについて説明した。かるた大会は3回戦まで行った。

　かるた競技終了後に書かせたワークシートを分析してみると，ほとんどの生徒が「かるた競技をやって楽しかった」と答え，面白かった理由として「都道府県の特徴がわかったから」という答えが多くみられた。また，印象に残った絵札として，人物が描かれた絵札，方言や外国語の読み札，食べ物に関する絵札，地元岡山県に関する札を指摘した生徒が多かった。さらに，かるた実施前後の都道府県の認知の変化を見たところ，実施後は，生徒の都道府県の捉え方がより豊かになり，より広がり，より地理的になったといえる。以上から，

「日本地理かるた」による学習は，中学校地理「日本の諸地域学習」の学び直しとして一定の効果をあげたといえる。

　本稿は，高校における「日本地理かるた」活用の事例であるが，小学校（佐藤：2012）や中学校においても「日本地理かるた」の活用が期待される。また，山口（2021）が指摘しているように，地歴連携の視点に基づく地理学習でも有効な教材として活用することも可能である。

　　本稿は，『地理教育研究』第8号に掲載された「「日本地理かるた」を活用した高校地理の授業実践」を加筆修正したものである。

### 参考文献

今井英文（2011）「「日本地理かるた」を活用した高校地理の授業実践」『地理教育研究』第8号，pp.48-53.

佐藤浩樹・今井英文・山口幸男（2011）「日本地理かるたを活用した地理的学習の実践」全国大会発表論文集（日本社会科教育学会）第7号，pp.90-91.

佐藤浩樹（2012）「日本地理かるたを活用した小学校社会科授業の実践」，山口幸男編『地理教育・社会科教育の理論と実践』古今書院，pp.121-132.

山口幸男（2021）「「日本地理かるた」に見られる地歴連携的教材資料」『群馬社会科教育研究』第9号，pp.61-66.

（今井　英文）

# 7 法理学アプローチに基づく 世界史論争問題学習の単元開発
## ―単元「国家緊急権を憲法に規定すべきか」の場合―

## 1 はじめに

　公的な論争問題を扱う代表的カリキュラムのひとつにハーバード社会科がある。ハーバード社会科とは，1960年代，米国の社会科教育学者ドナルド・オリバー，ジェームス・シェーバー，フレッド・ニューマンらによって開発された社会科カリキュラムの総称であり，日本でも数多くの先行研究が重ねられてきた。[1] ハーバード社会科の特質は，そこで用いられる「法理学アプローチ」と呼ばれる思考過程にある。これは論争問題の考察にあたって，その問題と類似する事例（アナロジー）を用いて，価値判断の基準を構築するものである。加えて，ハーバード社会科には，現在の論争問題だけでなく，過去の論争問題を検討する「歴史的危機アプローチ」と呼ばれる内容編成原理が存在する。「歴史的危機アプローチ」では，従来の社会体制を揺るがす歴史的事件（アメリカ独立戦争やヴァイマール体制崩壊，ロシア革命など）を取り上げ，それらの検討を通して現代の論争問題を考察するため，歴史系科目との親和性も高い。

　そこで本稿では，ハーバード社会科で用いられる「法理学アプローチ」を活用して，過去の歴史的事件から現代の論争問題を考察する世界史論争問題学習の開発を試みる。そのため，①法理学アプローチの具体的な授業過程を整理する，②授業過程を適応した世界史の単元開発を行う，を本稿の研究課題とし，これに応える形で世界史論争問題学習の単元開発を進めていく。[2]

# 2 ハーバード社会科における法理学アプローチ

## (1) 法理学アプローチについて

　まず，ハーバード社会科で用いられる学習方法の「法理学アプローチ (Jurisprudential Approach)」についてまとめる。法理学アプローチとは，ある事件を巡る論争問題を取り上げたとき，その問題に類似する複数の事例 (アナロジー) と比較し，それら事例にも適応可能な一般的な価値基準を導き出す思考法のことを指す。例えば，「A という状況では許されることが，B という状況では許されないのはなぜか」「それぞれの状況において重視している価値は何か」という様に，類似する複数の事例を比較することで，「どのような場合であれば，価値 A は価値 B よりも優先されるのか」という留保条件をつけた一般的な価値基準を導き出す思考法である。これに加えて法理学アプローチでは，論争問題に対する見解の対立を，「価値的問題」「定義的問題」「事実的問題」として区別する。これは，論争そのものが当事者間の価値観，言葉の定義，事実認識の不一致から発生すると考えるためである。アナロジーの検討を通して，一般的な価値基準を導き出すことで「価値的問題」を解消し，その後，その価値基準に基づいて，言葉の定義 (「○○とはどのように定義されるべきか？」) と事実認識 (「××の結果，そのような事態が生じたのか？」) を確認し，論争問題へ対処していくこととなる。

## (2) 法理学アプローチに基づく授業構成

　では，法理学アプローチに基づく授業はどのように構成されるのか。**表1** は，渡部によって訳出・再現されたハーバード社会科『人種と教育』の小単元「リトルロックの暴動」の指導案を，筆者が再構成したものである。[注(3)]

　授業構成をみていきたい。まず，①−③論争を生み出す背景を理解し，対立状況の整理から論点を明らかにする段階である。「リトルロック事件」に関する資料を読んだ後，フォーブス知事とデービス判事のそれぞれの見解を確認し，対立する状況を整理する。論点を明らかにする上で用いられるのが，「法

**表1 法理学アプローチに基づく授業例—「リトルロックの暴動」の場合—**

| 学習段階 | 具体的な発問や学習内容 |
|---|---|
| ①論争を生み出す背景を確認する | 教科書の小単元「リトルロック」にある資料「リトルロック」を読む<br>資料「リトルロックの暴動」に関する問いを考える<br>・リトルロックで行われていた隔離とは何か。<br>・フォーブス知事はどのような理由で学校統合を延期したのか。<br>・デービス判事は知事の行動に対してどのような判断を，なぜ下したのか。 |
| ②対立している状況を整理する | リトルロック事件ではどのような価値が対立しているか「法制的フレームワーク」から明らかにする。 |
| ③対立状況から論点を明らかにする | ●知事の意見を支持 →「平和と秩序の維持」を重んじる判断<br>●知事の意見を不支持 →「教育機会の均等」を重んじる判断<br><br>中心問題（MQ）：暴力に耐えてでも学校統合を進めることで<br>リトルロックに住む黒人の教育機会の均等は守られるべきであるのか。<br>（平和と秩序の維持 vs 教育機会の均等） |
| ④自己の見解を構築する | あなたは，どう考えますか。あなたの考えはフォーブス知事とデービス判事のどちらに近いですか。なぜですか。 |
| ⑤考察している問題に類似した事例（アナロジー）を検討する | 【「平和と秩序の維持」に挑戦するアナロジー】<br>・あなたは，いくらイギリスが権利を侵害していたとしても，合衆国が独立戦争において戦うべきでなかったと考えますか。<br>・あなたはアメリカが人権を無視し，非人道的な政策を続けるドイツに対して宣戦布告するべきではなかったと考えますか。<br>【「教育機会の均等」に挑戦するアナロジー】<br>・中国はチベットの権利を侵害し続けています。チベットは数千マイル離れた小さな国です。我々はチベットを国家として平等に扱うべきだと主張し，その権利を守るため中国と核戦争の危険を冒す必要があると考えますか。 |
| ⑥価値の制約条件を検討し，一般的な価値基準を導く【価値的問題】 | 中心問題（MQ）：暴力に耐えてでも学校統合を進めることで<br>リトルロックに住む黒人の教育機会の均等は守られるべきであるのか。<br>（平和と秩序の維持 vs 教育機会の均等）<br><br>【導出する一般的価値基準の例】<br>・人が死傷する可能性のある極めて危険な状況が生じない限りは，人権（教育機会の均等）保障のための行動を政府はとる必要がある。 |
| ⑦定義の相違を検討する【定義的問題】 | フォーブス知事は隔離学校を「平等」であると考え，デービス判事はこれを「不平等」と考えている。教育における「平等な扱い」とはどう定義されるべきか。 |
| ⑧事実認識の相違を検討する【事実的問題】 | フォーブス知事はもし州軍が撤退し，学校統合が認められたら，深刻な暴力や市民の争いが起きるとし，実際に起こった。しかしこの暴動は彼の言うように最高裁の判決やデービス判事の判断が原因なのか。それとも知事の対応が市民を刺激したのが原因なのか。事実は何か。 |
| ⑨導き出した基準を踏まえ，考察している問題の見解を再構築する | リトルロックにおいて学校統合はなされるべきか。またどのようにか。 |

出典：渡部竜也（2012）「社会問題科としての社会科」『新社会科教育学ハンドブック』明治図書，pp. 93-101．渡部竜也（2015）『アメリカ社会科における価値学習の展開と構造』風間書房を参考に筆者が作成。

制的フレームワーク」と呼ばれる価値基準である。これは，合衆国憲法を支える法的な価値概念から成り立つ枠組みであり，民主主義の基本となる価値（自由，公正，平和，公共の福祉など）と，その理念を実現するための価値（連邦主義，三権分立，法の下の平等など）から設定される。リトルロック事件の対立状況の整理を通して，論点「暴力に耐えてでも学校統合を進めることでリトルロックに住む黒人の教育機会の均等は守られるべきであるのか」を明らかにする。その際，「法制的フレームワーク」から価値の対立構造「平和と秩序の維持」vs「教育機会の均等（人間の権利）」が整理される。

　次は，④⑤自己の見解を構築し，論争問題と類似する価値の対立構造をもつ事例（アナロジー）を検討する段階である。リトルロック事件に関して，フォーブス知事とデービス判事のどちらを支持するか，そのとき重視する価値は何か，自己の見解を明らかにする。その後，その見解に揺さぶりをかけるため，アナロジーの検討を行う。このとき検討されるアナロジーは，「平和と秩序の維持」を優先すべきと思える事例や，また逆の事例である（「チベットの人々の人権を守るために中国と核戦争をすべきか」「イギリスが人々の権利をいくら侵害していたとしても，合衆国は独立戦争をすべきではなかったか」等）。学習者はアナロジーにより，新たな葛藤状況に直面し，当初信じていた原則（信念）を見直し，論争問題に対する自己の見解を批判的に検討することとなる（「リトルロック事件では『平和と秩序の維持』を優先したのに，なぜ別の事例では『人間の権利』を優先すべきと考えるのか」等）。

　次は，⑥留保条件をつけた一般的な価値基準を導き出す段階である。「平和と秩序の維持」は，どのような場合では「教育機会の均等（人間の権利）」より優先されるのか，議論を通して妥協案を探る。例えば，「人が死傷する可能性のある極めて危険な状況が生じない限りは，人権（教育機会の均等）保障のための行動を政府はとる必要がある」などの一般的な価値基準が導き出される。

　そして，導かれた価値基準をもとに，⑦⑧考察している問題の定義と事実認識の確認を行う。「教育における『平等な扱い』とはどう定義されるべきか」（【定義的問題】）や「暴動の原因は，デービス判事の判断が原因か，フォーブス

知事の対応が市民を刺激したのが原因か」(【事実的問題】)など，言葉の定義や事実認識の不一致を議論し，リトルロック事件への見解の再構築の準備をする。

　最後は，⑨導かれた価値基準をもとにメインとなる事例について判断し，自己の見解を再構築する段階である。導き出された価値基準からリトルロック事件におけるフォーブス知事の行動は適切だったか，学校統合はなされるべきか，リトルロック事件に対して事実認識・言葉の定義・価値対立それぞれにおける自己の見解を構築し，リトルロック事件を巡る問題への見解の再構築を図る。

　以上のように，ハーバード社会科では，①〜⑨の学習過程を通して，論争問題における価値の対立構造を整理し，その論争問題と類似する事例（アナロジー）の検討から一般的な価値基準を導きだし，論争問題に対する自己の見解の再構築が目指されている。


# ▌3　法理学アプローチに基づく世界史論争問題学習の開発

## (1) 単元の教材選択

　法理学アプローチに基づく世界史の単元開発にあたって，その学習内容には「ヒトラーの独裁化」を取り上げる。この内容とした理由は，次の2点である。第一に，1930年代ドイツにおけるヒトラーの独裁化は，憲法の規定によって民主主義が破壊され，多くの人権が奪われた事例であり，「何がヒトラーの独裁化をもたらしたのか」という問いは，現在を生きる我々にとって考え続けなければならない「永続的論争問題[5]」だからである。第二に，"ヒトラーの独裁化"という事例は，「国家緊急権の憲法規定」を巡る現在の論争問題を考察する上で，有効なアナロジー（類似事例）を提供するからである。現在，政府が進める憲法改正の議論において「緊急事態条項」(国家緊急権)の規定が，その争点となっている。規定推進派は，新型コロナウイルスの感染拡大という未曾有の災害の経験を踏まえ，国家全体の安全を保障するために非常時には内

閣の権限を拡大させる国家緊急権の憲法規定が必要との見方を示している。一方，規定否定派は，“ヒトラーの独裁化”など歴史的経験から，国家緊急権の憲法規定に慎重な見方を示している<sup>(6)</sup>。アナロジーから留保条件つきの価値基準を導き出す法理学アプローチにおいて，“ヒトラーの独裁化”は，国家緊急権の憲法規定を考察する上で有効なアナロジーとなる。

以上から，「ヒトラーの独裁化」を内容として取り扱い，その上で法理学アプローチを用いて国家緊急権の憲法規定を議論する世界史の学習単元を計画した。

## (2) 世界史単元「国家緊急権を憲法に規定すべきか」

単元計画（全4時間）の概要を示したのが**表2**である。

第1時では，1930年代のドイツの政策とヒトラーの独裁化の要因を理解する。映像を通して学習者は，第一次世界大戦後のドイツの状況，全権委任法によるヒトラー独裁政権の誕生，ユダヤ人の公民権剥奪等，歴史的文脈の理解が促される。

第2時は，ヒトラーの独裁政権樹立の要因を資料読解からまとめる。当時の民衆の資料やヴァイマール憲法の条文から，ドイツ国民のナチスに対する意識や「国家緊急権」の権限，制限された国民の権利等が明らかにされる。

第3時は，新型コロナウイルスに対する政府の対応や与野党の憲法改正への見解を踏まえ，「国家緊急権」の憲法規定への意見をまとめる。国家の危機的状況の際に“要請”しか行えない日本と，国家緊急権の規定により罰則付きの“強制”ができる海外とを比較し，感染症拡大という社会状況から，国家緊急権の憲法規定が再び注目されていることを示す。そして，与野党の主張を踏まえ，「国家緊急権」を憲法に規定すべきかどうか，議論のテーマが明確化される。そして，このテーマに対する自身の見解をまとめ，同じ見解を持つ人とグループをつくり，次回の議論に必要な情報を集める。

第4時は，法理学アプローチを用いた授業構成となる。具体的な授業展開を示したのが**表3**であり，右欄は法理学アプローチの学習段階である<sup>(7)</sup>。

**表2　単元「国家緊急権を憲法に規定すべきか――コロナ禍の政府対応とヒトラーの独裁化――」**

| 時数<br>(日時) | ■ メイン・クエスション（学習課題）と<br>・主な発問（学習活動） |
|---|---|
| 第<br>1<br>時 | ■**1930年代のドイツでは，どのような政策が行われていたか？**<br>・『新・映像の世紀 第3集 時代は独裁者を求めた』を視聴し，ナチス台頭の背景について学ぼう<br>・映像を視聴しながらワークシートの空欄を埋めよう<br>・グループでワークシートの空欄に入る適語を確認しよう<br>・映像を視聴して，「感じたこと」「考えたこと」「疑問に思ったこと」はなにか |
| 第<br>2<br>時 | ■**ヒトラーはどのように独裁政権をつくりあげたのか？**<br>・ヒトラーが独裁政権をつくりあげた要因をワークシートにまとめよう<br>・1930年代，ドイツはどのような状況だったか［**資料A**］<br>・民衆はナチスに対して，どう思っていたか［**資料B・C・D**］<br>・ナチ政党は，どのように第一党となったのか［**資料E**］<br>・ヴァイマール憲法に規定された「国家緊急権」（大統領緊急令）とは何か［**資料F**］<br>・ヒトラーはどのように独裁政権をつくりあげたのか，1930年代当時のドイツの状況や民衆の考え，ヴァイマール憲法の規定などを踏まえ，ヒトラー独裁政権の樹立の要因を説明しよう |
| 第<br>3<br>時 | ・国家緊急権とはなにか<br>・コロナ禍における国家緊急権による私権の制限は，外国とはどう異なるか<br>・与党自民党，野党立憲民主党は，国家緊急権の憲法規定に対して，どのように考えているか<br>■**国の非常事態に政府に権力を集中させる「国家緊急権」を憲法に規定すべきか？**<br>・ナチスの事例，コロナ禍に「要請」しかできない政府の対応を踏まえ今の考えをまとめよう<br>・同じ見解を持つ人とグループをつくり，次回の議論に必要な情報をまとめよう<br>・「国家緊急権」の憲法規定に対して，どのような主張がなされているか［**資料G-K**］ |
| 第<br>4<br>時 | ■**国家緊急権を憲法に規定すべきかどうか，国家緊急権の是非について議論しよう**<br>・テーマに対するグループの見解をまとめよう<br>　①根拠をまとめる（なぜそう考えるのか）②重視する価値（何が重要だと考えているか）<br>・グループの見解を発表し，価値の対立構造を理解しよう<br>・ほかのグループの主張に反論しよう<br>・反論を踏まえ，教師の提示する類似事例（アナロジー）をグループで検討しよう<br>・価値の制約条件をグループで考え，クラス全体で議論しよう<br>　どのような場合には，国家緊急権は認められるのか，認められるべきではないのか<br>・テーマに対する自分の考えをまとめよう |

出典：【資料A】家具職人の証言（田中浩・金井和子訳『彼らは自由だと思っていた』未来社，1983）【資料B】少女の作文（エーリカ＝マン『ナチズム下の子どもたち』法政大学出版局，1998）【資料C】『ナートルフの日記』（歴史学研究会編『世界史史料10』岩波書店，2006）【資料D】大衆心理とヒトラー【資料E】ナチスの政権掌握と権力拡大『世界史教授資料 研究編』山川出版社，2013）【資料F】ヴァイマール憲法（『新訳世界史史料・名言集』山川出版社，1975）【資料G】『日本国憲法改正草案』（自由民主党，2012）【資料H】長谷部恭男・石田勇治著『ナチスの「手口」と緊急事態条項』（集英社，2017）【資料I】永井幸寿『憲法に緊急事態条項は必要か』（岩波ブックレット，2016）【資料J】伊藤哲男・岡田邦宏・小坂実『これがわれらの憲法改正提案だ』（日本政策研究センター，2017）【資料K】橋爪大三郎『国家緊急権』（NHKブックス，2014））．

## 表3　第4時「国家緊急権の是非を議論する」の授業展開

| | 発問と学習活動 | 学習段階 |
|---|---|---|
| 導入 | ・前時の復習としてヒトラーの独裁化の要因を確認する<br>・憲法を守るのはだれか<br>・国家緊急権とは何か<br>・多くの立憲主義国が憲法で認めるが，日本にはその規定がない<br>・コロナ禍という現在の情勢において，感染拡大を防ぐため私権の制限を可能とする国家緊急権の憲法規定に関して，議論されている<br><br>国家緊急権を憲法に規定すべきかどうか<br>国家緊急権の是非について議論しよう | ①論争を生み出す背景を確認する<br><br><br><br><br><br>③対立状況から論点を明らかにする |
| 展開 | ・テーマに対するグループの見解をまとめよう<br>　①根拠をまとめる（なぜそう考えるのか）<br>　②重視する価値は何か（何を重要だと考えているか）<br>・グループの見解を発表し，価値の対立構造を理解しよう<br><br>――価値の対立構造――<br>国家緊急権を規定すべき　⇔　国家緊急権を規定すべきではない<br>（国家全体の安全保障）　　　（個人の権利・自由）<br><br>・反論を踏まえ，次の類似事例（アナロジー）をグループで検討しよう<br>○規定すべきと考える人への問い（アナロジー）<br>　国家緊急権の濫用によって，ヒトラーの独裁政権が樹立され，ユダヤ人の大量虐殺が行われた。<br>　それでも国家緊急権は必要か。この事例をどう考えるか。<br>○規定すべきではないと考える人への問い（アナロジー）<br>　東日本大震災の際，法律の適応が遅れ，被害が拡大する事態となった。これは憲法に緊急事態に関する規定がなく，内閣に強力な権限を委託できなかったためである。<br>　それでも国家緊急権は不要か。この事例をどう考えるか。 | ④自己の見解を構築する<br><br>②対立している状況を整理する<br><br><br><br><br><br><br>⑤考察している問題に類似した事例（アナロジー）を検討する |
| まとめ | ・価値の制約条件をグループで考え，クラス全体で議論しよう<br>○どのような場合には，国家緊急権は認められるのか<br>　どのような場合には，認められるべきではないのか<br>○国家の「緊急事態」とは，どのような場合を指すのか<br>　「緊急事態」とは，どう定義されるべきか<br>○それぞれの事例は，国家緊急権の規定がなかったから（あったから）生じた事態なのか，それとも別のできごとが原因で生じたのか<br>・テーマに対する自分の考えをまとめよう<br>　憲法に国家緊急権を規定すべきか，ヒトラーの独裁政権の樹立から私たちは何を学ぶべきか，これまでの学習を踏まえて，国家緊急権の憲法規定に対してあなたの考えをまとめよう | ⑥価値の制約条件を検討し，一般的な価値基準を導く【価値的問題】<br>⑦定義の相違を検討する【定義的問題】<br>⑧事実認識の相違を検討する【事実的問題】<br>⑨導き出した基準を踏まえ，考察している問題の見解を再構築する |

導入では，ヒトラー独裁化の要因，国家緊急権の定義，立憲主義の意味を確認し（①論争を生み出す背景を確認する），「国家緊急権を憲法に規定すべきかどうか」という③論点を明らかにする。

展開では，グループになって④自らの見解を表明し，テーマに対するグループの見解をまとめる。このとき，その見解の根拠と重視する価値を検討させる。そして，グループごとに見解を発表し，②対立する主張（価値の対立構造）を整理する。憲法規定を肯定するグループは「国家全体の安全保障」という価値を重視し，憲法規定を否定するグループは「個人の権利・自由」という価値を重視することが予想される。

その後，グループごとに，⑤類似事例（アナロジー）の検討を行う。規定肯定派へは，「ヒトラーの独裁化の事例をどのように考えるか」を問い，規定否定派へは，「国家緊急権がなかったがゆえの東日本大震災における混乱の事例をどのように考えるか」を問う。これら類似事例（アナロジー）の検討を通して，クラス全体で，どのような場合は国家緊急権は認められ，どのような場合には認められるべきではないのか，⑥価値の制約条件について議論し，一般的な価値基準を導き出す（【価値的問題】）。併せて，「『緊急事態』とはどう定義されるべきか」（【定義的問題】）や，「緊急時における対応は，現行の法制度では，本当に困難なのか」（【事実的問題】）など，⑦言葉の定義の相違の検討や⑧事実認識の検討を行う。

最後に，⑨導き出した価値基準を踏まえ，国家緊急権の憲法規定の是非について自分の見解をまとめる。


## ▎4 おわりに

本稿では，米国で開発されたハーバード社会科に着目し，そこで用いられる法理学アプローチを活用した世界史論争問題学習の単元開発を行った。論争問題学習は，なにも現代事象を扱う地理的分野・公民的分野に限定されるものではない。現在の論争問題と類似する歴史事例（アナロジー）を多く含

む歴史系科目だからこそ，法理学アプローチによる論争問題学習の特質は活かされる。その意味で，歴史系科目に法理学アプローチを取り入れていくことは，歴史教育における市民性育成の実現に大きな示唆を与えるものである。

### 注

(1) ハーバード社会科は，「ハーバード社会科プロジェクト（Harvard Social Studies Project)」に関連する理論書・教科書の総称であり，ドナルド・オリバー＆ジェームス・シェーバー著，渡部竜也・溝口和宏・橋本康弘・三浦朋子・中原朋生訳 (2019)『ハーバード法理学アプローチ—高校生に論争問題を教える—(*Teaching Public Issues in the High School*)』東信堂（原著は1966年）およびドナルド・オリバー＆ジェームス・シェーバー著 (1968-1971)『公的論争問題シリーズ (Public Issues Series)』American Education Publication を指す。日本におけるハーバード社会科の研究史が分かるものとして山田 (2017) の研究が挙げられる（山田秀和 (2017)「アメリカの社会科は日本でどのように研究されてきたか—『社会科研究』を中心に学術研究としての条件を探る—」『社会科教育論叢』第50集，pp.19-28)。

(2) 実践結果とその分析については，別稿にて明らかにしている。詳しくは，植原督詞・渡部竜也 (2021)「ハーバード法理学アプローチを用いた憲法学習の可能性—単元『国家緊急権は憲法に規定すべきか—コロナ禍の政府対応とヒトラーの独裁化』の場合—」(2021年度法と教育学会第12回学術大会パネルディスカッション発表資料) 及び植原督詞 (2022)「歴史カリキュラムは論争問題学習にいかなる貢献が可能か—歴史教育における構成主義・実用主義アプローチの有用性」『法と教育』Vol.12，法と教育学会，pp.17-28を参照されたい。

(3) 渡部竜也 (2012)「社会問題科としての社会科」『新社会科教育学ハンドブック』明治図書，pp.93-101，渡部竜也 (2015)『アメリカ社会科における価値学習の展開と構造』風間書房.

(4)「ヒトラーの独裁化」に関する授業の作成にあたっては，以下の文献を参考にした。
・池内紀 (2019)『ヒトラーの時代』中公新書
・石田勇治 (2015)『ヒトラーとナチ・ドイツ』講談社
・ベンジャミン・カーター・ヘット著，寺西のぶ子訳 (2020)『ドイツ人はなぜヒトラーを選んだのか—民主主義が死ぬ日』亜紀書房

(5) ハーバード社会科では，「歴史的な問い」だけでなく，現代社会に生きる市民として考えねばならない問いを「永続的論争問題 (Persisting Questions)」と呼び，その答えは常に批判と再検証に晒され続け，永遠に問い続けられればならないものとした（ドナルド・オリバー＆ジェームス・シェーバー著『ハーバード法理学アプローチ』pp.196-197，渡部竜也 (2019)「ハーバード社会科に学ぶ」

『主権者教育論　学校カリキュラム・学力・教師』春風社，pp.400-430）。
(6)「国家緊急権」に関する授業の開発にあたっては，以下の文献を参考にした。
　・伊藤哲男・岡田邦宏・小坂実（2017）『これがわれらの憲法改正提案だ』日本政策研究センター
　・永井幸寿（2016）『憲法に緊急事態条項は必要か』岩波ブックレット
　・橋爪大三郎（2014）『国家緊急権』NHKブックス
　・長谷部恭男・石田勇治（2017）『ナチスの「手口」と緊急事態条項』集英社
(7)これら一連の学習過程のうち「②対立している状況を整理する」で用いられる「法制的フレームワーク」は，本単元では用いていない。その理由は，価値対立の構造を整理する「法制的フレームワーク」が合衆国憲法の理念に基づいて設定されているため，日本の憲法制度と齟齬が生じる恐れがあるためである。そのため本単元では，「法制的フレームワーク」を用いず，生徒同士の議論から価値対立の構造を整理することにした。まず，価値対立の構造を含まない③論点（「国家緊急権を憲法に規定すべきかどうか」）を示し，その上で論点に対する④自己の見解を構築させ，その上で②重視する価値を整理することで「国家の全体の安全保障 vs 個人の権利・自由」という対立構造を明らかにしている。

（植原　督詞）

【参考資料】

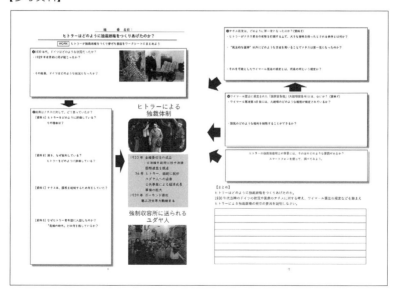

図1　第二時で使用するワークシート

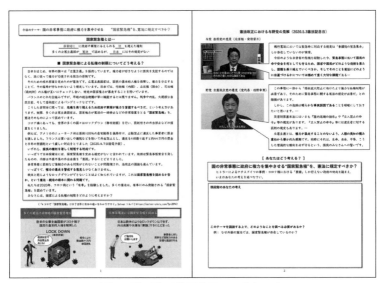

図2　第三時で使用するワークシート

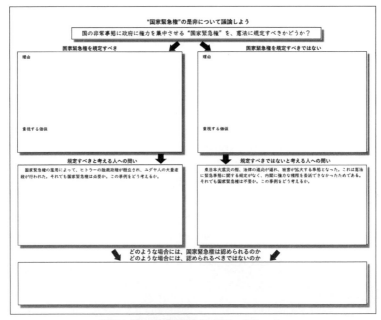

図3　第四時で使用するワークシート

# 8 「指導と評価の一体化」を目指した 高校公民科の授業実践

## 1 はじめに

　2022年4月から，高等学校において新学習指導要領が適用される。今回の改訂に際して，「何を学ぶか」「どのように学ぶか」「何ができるようになるか」の3つの視点をもとに，「公共の新設」や「主体的・対話的で深い学び」「カリキュラムマネジメント」の実施など新たな取り組みが求められている。

　この新たな取り組みの一つに，「指導と評価の一体化」がある。指導に関しては明確な目標や評価規準と学びが広がり深まる単元構成が求められている。つまり，一人ひとりの良さや成長を生むような授業構想を教師は行う必要がある。次に，評価に関しては，評価規準の具現化および重点化に加えて，多様な評価方法の工夫も求められる。そして，この指導と評価を一体化させることで，教師自身の指導計画の改善に活かし，生徒一人ひとりの力を伸ばし，充実させることにつなげていくことが重要であるとされている。

　評価に関しては，①知識・技能，②思考力・判断力・表現力，③主体的に学

表1　新科目「公共」における評価基準

| 知識・技能 | 思考・判断・表現 | 主体的に学習に取り組む態度 |
|---|---|---|
| 現代社会の諸課題を捉え考察し，選択・判断するための手掛かりとなる概念や理論を理解している状況を評価 | 現代の諸課題について，事実を基に概念などを活用して多面的・多角的に考察したり，解決に向けて公正に判断したり，合意形成や社会参画を視野に入れながら構想したことを議論したりしている状況を評価 | 国家及び社会の形成者として，よりよい社会の実現を視野に，現代の課題を主体的に解決しようとしている状況を評価 |

参考：「指導と評価の一体化」のための学習評価に関する参考資料（高等学校編）
出典：文部科学省／国立教育政策研究所教育課程研究センター（2021）

習に取り組む態度の3観点が採用されている。そして，これらの学習評価に関しては，評価の「妥当性」を常に確保し，「信頼性」のある評価として行うことが求められている。

そこで重要であるのが，評価規準の設定である。ここでは，今回指導案を作成した「公共」における規準を記した（図1）。これに基づき，今回作成をした指導計画においても，単元の目標と評価規準を作成したうえで，授業内で評価する場面を設定した。

また公共では，橋本（2018）によると，①知識・技能に関しては「将来大人になって活用できる知識」，とくに主権者として活用すべき知識の習得を徹底すべきであるとされている。また，②思考力・判断力・表現力については，知識を習得・活用するなかで，「事実を基に多面的・多角的に考察し公正に判断する力」や「合意形成や社会参画を視野に入れながら構想したことを議論する力」等を養うことを，指摘している。そして，③主体的に学習に取り組む態度に関しては，主権者意識の涵養や持続可能な社会づくりに向かう社会参画意識の涵養を目指すために，多くの生徒に切実性が感じられるテーマの選定を行うことの重要性を述べている。

## ▍2 群馬県の学習環境の実態

新型コロナウイルスの感染拡大が懸念されるなかで，教育現場においても，ICTを活用して子供たちの継続的な学びを保障するための取り組みが行われている。群馬県の県立高校では，2020年から随時一人1台端末（Chromebook）が配布されている。生徒へ ICT を使用しながら，社会の諸課題の解決に向けて活用できる資質・能力の育成が求められている。

これらの学習環境の変化を踏まえ，本単元においても Chromebook および Google Workspace のアプリケーションを活用した学びの場面を設置している。そのうえで，情報を主体的に選択して活用する力を身に付けることも目指した。

# 3 単元の指導計画

## (1) 本単元の基本的な考え方

### ① 本単元を貫く問い（主題）

> ・幸福な社会はどのように形成すればよいのだろうか？

**・問いを設定した理由**

　本単元では，国家や社会をよりよくするように，生徒が主体的に問題意識を持つことができる力を育成する。

　そのため，「幸福な社会」という視点で，単元を貫く問いを設定し，実社会の様々な課題や問題に対して，多面的・多角的に捉えるための，見方・考え方を学習し，活用する。

　そして，社会のあらゆる課題に対して，「良いことか。悪いことか」「決断を迫られたときに，どのような考え方をすべきか」，そして，「予測不可能な社会のなかで，人々が幸福な社会を形成するためには，どのような考え方が必要であるのか」といった，普遍的な視点で考えることで，単元を通して認識を深めることができるようにする。

　また，本単元は学習指導要領の「(2) 公共的な空間における人間としての在り方生き方」および「(3) 公共的な空間における基本的原理」に該当する内容である。

### ② 本単元で活用する見方・考え方

> ・よりよい社会の構築に向けて課題の解決のために
> 　　　　　　選択・判断するための視点や方法（考え方）

**・見方・考え方のつながり**

　本単元では，「よりよい社会の構築に向けて，課題の解決のために選択・判断するための視点や方法（考え方）」を働かせる場面を作成する。具体的には，幸福・正義・公正といった，社会事象の選択・判断の手掛かりの基礎となる考

え方を学習する。そして，人間の尊厳と平等，協働の利益と社会の安定性の確保を共に図ることが，公共的な空間を作るために必要であることや，人間の尊厳と平等，個人の尊厳などの公共的な空間における基本的原理を学ぶ。そして，これらの視点を活用させる事例を，授業の中で扱うこととする。

　本単元で学習および活用をした見方・考え方は，今後の学習指導要領（「公共」B「自立した主体としてよりよい社会の形成に参画する私たち」）の学習で扱われる様々なテーマを理解し，問題の本質を捉える際にも，活用することができる。そして，学習全体を通して，「事実を基に多面的・多角的に考察し，公正に判断する力」や「合意形成や社会参画を視野に入れながら構想したことを議論する力」を養うことが可能となると考える。

### ③ 指導と評価の一体化

> ・毎時間，授業のまとめおよび自己評価を Google フォームで提出する。
> ・適宜，教師が生徒からのコメントをクラスへ共有することで，生徒同士が他者の意見を評価し合い，学びの共有化を図る。そして，より深い学びへとつなげていく。

### ・指導と評価のつながり

　本授業では，毎時間授業のまとめおよび，授業内容の理解度や取り組み方に関して自己評価をし，Google フォームで提出させ，学習改善につなげる。本取り組みを通して，生徒の学習実態を適宜確認しながら，必要に応じて単元の中で支援をしていく。また，Google フォームで提出させることで，教師が一括で生徒の状況を把握できるため，生徒の実態をふまえたうえで，複数の意見のなかから最適なものを選び，共有化させることもできる。そしてここからさらなる深い学びへと発展させることも可能である。このようにして，学習のなかで生徒の資質・能力が確実に育むことができるようにする。

## (2) 本単元の指導計画

| 1 単元名 |
|---|
| 基軸となる問い（単元を貫く学習課題）<br>　　　　　・幸福な社会はどのように形成すればよいのだろうか？ |

| 2 単元観 |
|---|
| 　私たちは，様々な考えや価値観をもつ人々と共に生きている。それゆえ，「幸福」の在り方は個人によって異なり，時には対立することもある。そのため，すべての人にとって望ましい解決策を導きだすために，過去の思想家が提唱した考え方を活用しながら，社会的な見方・考え方を育成する。<br>　また，公共的空間における基本的原理の内容を踏まえ，多くの国家が民主主義を採用していることを理解する。そして，日本においては日本国憲法を軸とした国づくりが行われていることを理解する。<br>　しかしながら，現代の社会においては，紛争や環境破壊，貧困などの多くの課題が山積している。そしてこれらの問題は，持続可能な社会を実現するために取り組むべき目標とされているが，人や国家により課題に対する考え方が異なるため，思い通りに実現することは難しい。だからこそ，このような答えのない問題に対して，一人ひとりが本質を見極め，それにもとづいて自分の意見を表明することがこれからの社会で求められる力であると考えられる。そして，幸福な社会を目指し，身近な問題から当事者意識をもって考えていくことが必要である。<br>　その第一歩として，本単元では，社会全体における「幸福な社会」の実現に向けて，他者意見も尊重しながら，一人ひとりが社会の一員として，解決の在り方を目指していく素地を養うことを目指す。思考実験や社会の問題を段階的に取り上げていき，単元の最後には，問いに対して多面的・多角的に考えまとめることができることを目指している。 |

| 3 生徒の実態と指導方針 |
|---|
| 　生徒は，高校入学後に公共の授業において「大項目Ａ　公共の扉　(1) 公共的な空間を作る私たち」を既習済みであることを想定する。この項目では，自らの体験などを振り返り，対話を通して互いの意見を交流させている。その際に，自他の経験を多面的多角的に分析する活動を通したうえで，自分のあり方や生き方を考えている。<br>　本校の生徒の実態として，他の生徒と共同学習することに対しては，積極的に取り組む。また，異なる意見に対しても丁寧に傾聴する力を持っている。しかしながら，物事や事象を批判的もしくは肯定的にとらえる力や，自分にとって複雑かつ難しい課題が出てくると，取り組みをあきらめてしまう傾向にある。上記のような実態を踏まえたうえで，「見方・考え方」の習得に際しても，段階的に課題を設定していく必要がある。そして，よりよい社会の構築に向けて様々な課題に対する意見を形成し，他者と相互に意見交流をしながら，自らの考えをより精緻に表現することができるようになる学習が必要だと考える。 |

| 4 (1) 単元（内容のまとまり）の指導と評価の計画　　全10時間（本時：第5時） |
|---|
| 単元目標 |
| ・社会問題に対する，様々な主張の背景には，「結果か義務か」といった選択・判断の手がかりとなる見方・考え方があることをとらえる。また公共的な空間の形成には，各人の意見を公平・公正に調整しながら，人間の尊厳や平等の確保を図ることが重要だと理解する。（知識・技能） |

・社会問題に対する意見や関連資料を読み解き，事象に対して多面的・多角的な視点から意見を形成できる。また，社会をよりよくするために必要な視点を考え，意見をまとめることができる。(思考力・判断力・表現力)
・一人ひとりを尊重する社会の実現に向け，社会問題に対してより良い解決策を構想し，今後の学習や実社会のあらゆる問題に対しても学習事項を生かすことができる。(主体的に学習に取り組む態度)

(2) 単元 (内容のまとまり) の評価規準【B規準】

| 知能・技能 | 思考・判断・表現 | 主体的に学習に取り組む態度 |
|---|---|---|
| ・社会問題に対する，様々な主張の背景には，「結果か義務化」といった選択・判断の手掛かりとなる見方・考え方があることを，ある程度理解できている。また公共的な空間の形成には，各人の意見を公平・公正に調整しながら，人間の尊厳や平等の確保を図る必要性を理解している。 | ・社会問題に対する意見や関連資料を読み解き，事象に対して意見を形成できている。また，社会をよりよくするために必要な視点を考え，意見をまとめることができる。 | ・一人ひとりを尊重する社会の実現に向け，社会問題に対してより良い解決策を構想し，今後の学習や実社会のあらゆる問題に対しても学習事項をある程度生かそうとしている。 |

| 時程 | 学習過程 | 評価の観点 知 | 評価の観点 思 | 評価の観点 態 | 評価方法 (観察，ワークシートなど) |
|---|---|---|---|---|---|
| 1 | ・単元目標を確認したうえで，グループで「国民全員が幸せな社会」をテーマに一人ひとりの幸福とは何かを考え，社会の条件を作成する (Jamboard 使用)。<br>・各グループの発表。<br>話し合いの過程のうえで，意見が異なったり，まとまらなかったりする場面があったかを共有 (Mentimeter の使用)。 | | ● | ● | ・生徒の発言の様子および，Jamboard で作成された発表資料 |
| 1 | ・「平等と公正の違い」「幸福・正義・公正」の視点，そしてベンサムの功利主義とカントの義務論の主張を整理する。その際，トロッコ問題を活用しながら学習する。<br>※考え方の視点を捉える。 | ● | ● | | ・授業中の発言および問いに対する記述。Google フォームでの自己評価。 |
| 2 | ・環境保護と生命倫理問題を例に，主張の背景にある考え方を捉えながら，グループでの意見交換を行い，現代の諸課題における最適解を考える。<br>※人間としての判断の在り方を考える。 | ● | ● | | ・授業中の発言および問いに対する記述。Google フォームでの自己評価。 |
| 1 | ・アファーマティブ・アクションを事例に，公共的な空間における基本原理としての個人の尊重を実現するための，最適解を考える。<br>※社会を形成するうえでの判断の在り方を考える。 | ● | ● | | ・授業中の発言および問いに対する記述。Google フォームでの自己評価。 |

| | | 知 | 思 | 態 | |
|---|---|---|---|---|---|
| 2 | ・民主主義とはどのような考え方であるのかを，「多数決を疑う」ことから考える。<br>・法の支配が民主主義において重要な役割をしていることを理解したうえで，国民が常に政治を監視する必要があると気づくことができる。 | ● | ●<br><br>● | | ・授業中の発言および問いに対する記述。Google フォームでの自己評価。 |
| 2 | ・自由・権利と責任・義務について。J. S. ミルの他者危害の原則を例に学習する。そして，自分の自由と他者の自由をどのように調整するべきかを，事例を用いて考える。<br>・日本国憲法の内容や特徴を理解したうえで，これまで学習してきた「公共的な空間」における基本的原理が，日本国憲法にどのように具体化され，定められているのかを整理する。 | ● | ● | | ・授業中の発言および問いに対する記述。Google フォームでの自己評価。 |
| 1 | ・パフォーマンス課題<br>　自分が考える幸福な国家や社会のあり方について，「幸福・公正・法」，そして具体例として単元で扱った問題を挙げながら，レポートとしてまとめる（Google ドキュメント）。 | | | ● | ・Google ドキュメントで作成したレポート課題<br>・初回授業時の「幸福な国家」の在り方の考え方からの変容 |

# 4 本時の指導計画

## ① 本時の題材

・アファーマティブ・アクションの事例（参考：これからの「正義」の話をしよう　マイケル・サンデル）／ジェンダーギャップ指数（2021）／「指導的地位」3割は女性，今年の達成断念　政府先送り（朝日新聞デジタル　2020年7月21日付）

## ② 本時の目標

　日本における男女に関する社会の現状を踏まえたうえで，アファーマティブ・アクションに関する事例において，見方・考え方を用いながら，問題を整理し，一人ひとりが幸福な社会の在り方と実現方法を考え，まとめることができる。（思考・判断・表現）

## ③ 本時の評価規準　（B 段階での生徒の姿）

　資料をふまえたうえで，日本における男女に関する社会の現状をある程度説明することができる。また，アファーマティブ・アクションに関する事例に

おいて，見方・考え方を用いて問題を整理し，幸福な社会の在り方に関して文章化することができている。（思考・判断・表現）

④ **本時の展開**

| | 学習内容と学習活動 | 指導上の留意点 | 評価観点・評価規準・評価方法等 |
|---|---|---|---|
| 導入5分 | ・これまでの復習（「公正」の視点を再確認） | ・生徒の力に委ね，極力介入しない。 | |
| | 【本時の問い】公共的な空間を形成するうえで，どのような考えが必要だろうか？<br>〜アファーマティブ・アクションを事例に考えてみよう〜 | | |
| 展開①5分 | ①「公共的な空間」について，ペアで考え，共有する。<br>②公共的な空間における基本的原理として，「人間の尊厳」や「個人の尊重」があることを理解する。 | ・自分の言葉で表現するように声がけをする。 | ○定期考査にて確認【知識・技能】 |
| 展開②10分 | ③ジェンダーに関する生徒の意識を捉える。そして，資料をペアで読み取り，日本社会におけるジェンダーの特徴を，文章化する。 | ※グラフの読み取り方を教授する。 | ●資料の読み取りおよび表現について，生徒のプリントから，見取る。【思考・判断・表現】 |
| 展開③20分 | ④アファーマティブ・アクションに関する事例を，資料を通して読み解く。<br>また，グループになり意見の共有を行う。<br>☆その際，公正の視点を用いて，問題の本質を読み解く。 | ※机間巡視において，声がけをする。公正の視点での考え方を整理させる。 | ●資料の読み取りを踏まえて，課題に対し見方・考え方を用いた自らの納得解を考えることができているのかを，生徒の対話の様子やプリントの表現から見取る。【思考・判断・表現】【主体的に学習に取り組む態度】 |
| まとめ10分 | ⑤Google フォームで，本日の問いに関する答えを記述する。<br>また，本時の授業理解度を Google フォームを使用して振り返る。 | | ●まとめの文章において，実社会の問題の解決に向けた考えを記すことができているのかを見取る。【主体的に学習に取り組む態度】 |

# 5 おわりに

　本稿は，新学習指導要領の実践を想定し，作成をした指導計画である。本計画は高等学校公民科の必履修科目となる「公共」の学習において活用することができると考える。また，「指導と評価の一体化」の視点をもとに，教師が生徒の学習状況を単元のなかで見取りながら，指導改善を行うことができるような場面を取り入れた。今後は本単元を実践したうえで，生徒の①知識・技能，②思考力・判断力・表現力，③主体的に学習に取り組む態度の変化を捉える必要性がある。また，本単元はあくまで一事例であり，生徒の実態に合わせた題材や評価規準の設定を検討することが望ましい。

【参考資料：授業プリント】

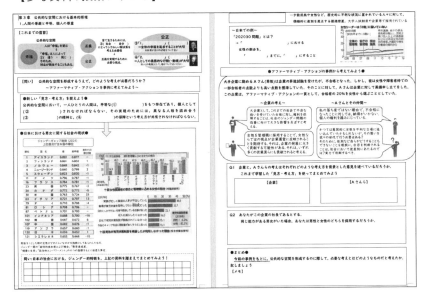

参考文献

群馬県（2020）「特集「ICT で変わる学びの未来」」『ぐんま広報』令和2年12月号

東京都教育委員会「指導と評価の一体化を目指してⅠ　理論編」https://www.
kyoiku.metro.tokyo.lg.jp/school/document/advancement/files/evaluation/02.pdf
（2022年1月3日最終閲覧）.
橋本康弘編著（2018）『高校社会「公共」の授業を創る』明治図書.
文部科学省・国立教育政策研究所教育課程研究センター（2021）「「指導と評価の
　一体化」のための学習評価に関する参考資料（高等学校編）」.

（加藤　ゆかり）

# 第3部

群馬の社会科教育研究の
特色

# 1

## 外国人集住地域の実態と社会科での扱いについて
―群馬県大泉町の事例を中心に―

## 1 はじめに

　群馬県内における在留外国人の人口は61,461人で，県内人口に占める割合は3.1％（2020.12住民基本台帳）である。過去8年連続で増え続けている。中でも大泉町は，在留外国人の人口が7,916人で福島県や三重県に住む在留外国人の数とほぼ同数であり。町内人口に占める割合が19.0％（2021.10大泉町役場）で県内1位という外国人集住地域である（表1）。

　この大泉町を取り上げ，町内の在留外国人の人口動向を政治・経済，社会の各面からとらえて，外国人集住地域の特徴を考察する。

　そして，在留外国人の人口増加や集住化から生じる問題を社会科でどう扱うかを，国や群馬県の状況と関連させながら，大泉町の事例を中心に教材化することを提案したいと考える。

## 2 大泉町に住む日系外国人の人口動向

### （1）日系ブラジル人を中心とした外国人の人口増加

　人口増加の端緒は，1990年6月の出入国管理及び難民認定法（以下，「入管法」）の中の在留資格制度が改正されたことによる。この改正では，日系二世・三世及びその家族に対し3年間（後に5年間）の「日本人の配偶者等」や「定住者」の在留資格（延長可能）が認められ就労が可能となった。当時我が国はバブル景気の中にあり，製造業を中心とした深刻な人手不足を補うことが改正の目的とされている。その結果，日本有数の工業地帯である北関東工業地域の

一角をなす太田市や伊勢崎市にも，中南米諸国を中心とする日系人が労働力として入ってきた。同工業地域に属し，富士重工（現スバル）及び東京三洋電機（現パナソニック）の2大企業と100あまりの中小企業を抱える大泉町は，地元中小企業14社がタッグを組み，入管法改正の前年である1989年に「東毛地区雇用安定促進協議会」を結成。ブラジルに事務所を置き，現地の群馬県人会や日伯援護協会と直接交渉を行って，日系ブラジル人の呼び込みを開始した。同協議会は，来町した日系ブラジル人に対し，雇用の保証だけでなく家族呼び寄せ支援や渡航費用の負担，快適な住居の斡旋等を行った。また町当局も手厚い行政サービス（役場窓口に

**表1　大泉町における外国人人口の変化**

| 年 | 人口 | 外国人 | (%) | 関連トピック |
|---|---|---|---|---|
| 1988 | 39,000 | 312 | 0.8 | 2年後に入管法改正 |
| 1995 | 41,925 | 3,848 | 9.2 | 技能実習制度施行 |
| 1996 | 41,746 | 4,303 | 10.3 | |
| 1997 | 42,241 | 5,043 | 11.9 | |
| 1998 | 42,034 | 4,882 | 11.6 | |
| 1999 | 42,186 | 5,032 | 11.9 | |
| 2000 | 42,628 | 5,716 | 13.4 | |
| 2001 | 42,833 | 6,307 | 14.7 | |
| 2002 | 42,508 | 6,166 | 14.5 | |
| 2003 | 42,483 | 6,298 | 14.8 | |
| 2004 | 42,378 | 6,472 | 15.2 | |
| 2005 | 42,391 | 6,753 | 15.9 | |
| 2006 | 42,096 | 6,796 | 16.1 | |
| 2007 | 42,101 | 6,796 | 16.1 | |
| 2008 | 42,295 | 7,082 | 16.7 | リーマンショック |
| 2009 | 41,469 | 6,424 | 15.4 | |
| 2010 | 41,216 | 6,327 | 15.4 | 技能実習制度改正 |
| 2011 | 41,099 | 6,237 | 15.2 | 東日本大震災 |
| 2012 | 40,716 | 5,859 | 14.4 | |
| 2013 | 40,759 | 6,050 | 14.8 | |
| 2014 | 40,931 | 6,377 | 15.6 | |
| 2015 | 41,226 | 6,717 | 16.3 | |
| 2016 | 41,568 | 7,180 | 17.3 | |
| 2017 | 41,876 | 7,585 | 18.2 | 技能実習制度再改正 |
| 2018 | 41,785 | 7,623 | 18.2 | |
| 2019 | 41,987 | 7,987 | 18.9 | 新在留資格創設 |
| 2020 | 41,718 | 7,860 | 18.8 | 新型コロナウイルス |
| 2021 | 41,740 | 7,916 | 19.0 | ※10月のデータ |

資料：大泉町役場

ポルトガル語の通訳を配置，小中学校に日本語学級設置など）で受入体制の支援を行った。こうして，1987年の時点で6名しかいなかった日系ブラジル人は，1996年には同協議会経由だけで1,000名を突破することとなり，日系ブラジル人の大泉町への集住化へと繋がったのである。同協議会は，最盛期には84の企業が参画し，大泉町の外国人労働者及びその家族の増加の呼び水役として，1999年の解散まで活動を続けた。

次に，日系ブラジル人同様の在留資格が与えられた他の中南米の外国人住民，とりわけ人口構成比2位の日系ペルー人について触れておきたい。日系ペルー人は，日系ブラジル人同様，家族ぐるみでの居住者が多い。役場窓口には，スペイン語の通訳が配置されているが，町内小中学校でスペイン語の日本語指導助手が配置される学校は，受入れ数の多い大泉町立西小学校などわずかである。これは，第一義的には，住民数の差（ブラジル人4,536人に対しペルー人1,036人　2021.9大泉町役場）によるものと思われるが，その遠因は，東毛地区雇用安定促進協議会の指針（**資料1**）にあると考える。同指針は日系ブラジル人に対する記述がある一方で，他の日系外国人に関する記述はない。このことから，大泉町では，日系ブラジル人の雇用が優先されたと考える。日系ペルー人がどのような過程で大泉町に集住したかは推測の域を出ないが，同じ日系のブラジル人が手厚い待遇を享受していることを知り，近くは隣接する太田市

**資料1**

---

### 東毛地区雇用安定促進協議会の「指針」

1) 人間愛を基盤とし，雇用者の人格を尊重すること
   (1) 国籍，性別，職業等により差別をしない。
   (2) 労働力として考える前に，人間として扱うよう日本人社員に対して指導する。
   (3) 言葉や生活習慣の違いについて，互いに誤解のないように教育を行い理解しあえるよう心掛ける
   (4) 伯人の誇りを傷つけるような言動は避ける。
2) 日伯親善に役立つこと
   (1) ブラジル移民史を回顧し，その歴史上我が国の恩恵を考慮し，ブラジル経済発展の為寄与する。
   (2) 在伯日系人に協力し，日系人の地位の向上を計る。
   (3) 日伯それぞれの文化交流を通じ，日本の良い点を知らしめ，今後の人生に役立つ人間形成について考慮する。
3) 単なる人手不足解消法と考えず，将来を展望して雇用の継続ができるよう努力すること
   (1) 家族で来日する人達に子弟の教育や，日本での生活習慣の指導を特に心掛ける。
   (2) 在住伯人のストレス解消のため，福利厚生について配慮する。
   (3) 病気，怪我等が発生した場合は，その処置を迅速に行い，思いやりのある対応をなすこと。
   (4) 悩事等は，積極的にカウンセリングを行い，責任ある管理者がその対応をすること。
   (5) 日本の法律を遵守するよう教育指導すること。

---

や栃木県，遠くは静岡，神奈川，愛知県から移ってきたのではないかと考えられる。

　いずれにせよ，1996年の時点で，大泉町の人口に占める外国人の割合は早くも10％を超えることとなった。

## (2) 経済不況の中での日系外国人の人口動向

　ちょうど日系外国人の受け入れを開始した翌年，日本は，バブル崩壊（1991〜1993）という金融危機が起こった。だがこの時は，多くの製造業が危機を乗り切り，外国人の雇用促進には大きな影響が出なかったようである。しかし，このバブル崩壊を契機に日本経済は徐々に低迷していく。そして低成長からなかなか抜け出せない日本を再度襲った金融危機が2008年のリーマンショックである。翌2009年には完全な不況下に陥り，大泉町も製造業は軒並み減産となり労働力過多の状況となった。すでに雇用形態も変貌し，東毛地区雇用安定促進協議会の解散により直接雇用は消滅，解雇が容易な派遣会社による派遣労働へとシフトしていた。この時，大泉町を始め全国で約2万2千人の日系外国人が日本政府の帰国支援事業に応じ母国へ帰ったといわれる。このような，大泉町における日系外国人の減少は，東日本大震災が起きた2011年にもあった。人口動向としてはこうした景気動向や天災の有無によって増減を繰り返し，緩やかな減少傾向が続いたが2016年頃から再び増加に転じつつある。

## (3) 現状と日系ブラジル人コミュニティ

　前述の通り，近年日系ブラジル人の住民数は増加しているが，その現状はどうだろうか。結論からいうと，大泉町での日系ブラジル人社会は，言葉の壁や雇用，日本人とのカルチャーギャップなどで依然問題を抱えながらも，成熟した段階に入っており日本の中では，住みやすい地域だと言える。それは第一に，生活面においては，ポルトガル語でほぼ母国のようなライフスタイルが送れるということである。すでに，日系ブラジル人向けのショッピングセンターで文化交流のシンボルであった「ブラジリアンプラザ」は一時衰退するも復

活,「スーパー・タカラ」や「レストラン・ブラジル」など複数のブラジルの食材を扱う店や料理店,雑貨店などは安定した経営を行い日系ブラジル人の衣食に欠かせないものとなっている。ブラジル人学校「日伯学園」も健在で,幅広い年代の子に独自の教育を行っている。スポーツ施設「フットサルセンター」も営業を開始して久しい。観光協会や役場の後押しで始まった大泉まつりでのサンバカーニバルは,形を変え,大泉カルナバルという名称で今も続いている。

　第二に大泉町の外国人に対する手厚い行政サービスである。必要な行政手続きはポルトガル語版の書類が用意され,また通訳による支援も受けられる。町内小中学校への日本語学級設置は前述した通りである。ゴミ出しなどの公共マナーやルールも,ポルトガル語での掲示看板や広報「ガラパ」などで繰り返し注意喚起が行われ,その結果,日本人住民とのトラブルも減少傾向と言われている。筆者自身も町中で,日本人以上に礼儀正しいブラジル人に何度も遭っている。一方で,町内生活保護受給者の23％が外国人であるという問題がある。その多くが,高齢者や失業者である。これは,日系ブラジル人労働者の多くが,社会保険の適用外だったため年金受給ができないこと,雇用の調整弁として解雇されやすいことが原因として考えられる。

　第三に大規模な日系ブラジル人コミュニティの存在である。町内小学校に勤務するポルトガル語指導助手への聞き取りによると,日系ブラジル人は,大泉西部から南部にかけて集中して暮らしている。住居形態は,賃貸の集合住宅が多いが,土地家屋を取得し,戸建て住宅に住む人も増えている。これは人口減で,アパートの家主が入居条件を外国人向けに緩和したり,土地家屋を取得する際の住宅ローン等の条件が緩やかになっていることと関係している。今までブラジル人住民の少なかった大泉北部地区で増加が認められるのは,こうした条件緩和が一因だと考える。このように大泉全域に拡大する日系ブラジル人住民であるが,日本の隣組に代表されるような互助組織や親睦団体は見当たらない。そのためコミュニティは,家族・親族の繋がりが一番である。次いでその友人,職場の同僚,近隣住民という順である。公的な互助組織がないからこそ,すぐ側に住む親族や友人,同僚の存在は人的ライフラインとして

不可欠なものとなっている。

## （4）今後の日系外国人の人口動向

　ここまで日系ブラジル人を中心に日系外国人の人口動向を論じた。人口の微増傾向は，経済恐慌や震災級の災害が起きない限りは，緩やかに続くと予測していたが，2020年初頭，新型コロナウイルスの流行が起きた。2021年12月現在は，日本ではやや下火にあるものの，世界的にはコロナ禍は収束していない状況である。このコロナ禍が2年近く続く中，日系ブラジル人及びボリビア人は微減，日系ペルー人は微増であった（**表2**）。結論として，コロナ禍による人口流出は，日系外国人には，ほとんどなかったと考えるべきであり，今後も長期的には，日系外国人の数が増加することが予想される。

表2　日系外国人のコロナ禍前後の人口変化

|  | 2019年12月 | 2021年9月 |
|---|---|---|
| ブラジル人 | 4,580 | 4,536 |
| ペルー人 | 1,015 | 1,036 |
| ボリビア人 | 181 | 172 |

資料：大泉町役場

## 3　大泉町における日系以外の在留外国人の人口動向

### （1）東南アジア及び南アジア出身の在留外国人の増加

　2021年9月の時点で，大泉町に居住する外国人は，7,940人（**表3**）。多い順にカテゴライズすると，まず日系外国人（ブラジル人，ペルー人，ボリビア人等）が一番多く全体の約73％を占める。次に，南アジア及び東南アジア出身の外国人（ネパール人，ベトナム人，フィリピン人，インドネシア人，カンボジア人，インド人，バングラディ

表3　国籍別外国人人口表
（2021年9月）

| 国籍 | 人口 | 比率 |
|---|---|---|
| ブラジル | 4,536 | 57.2 |
| ペルー | 1,036 | 13.4 |
| ネパール | 434 | 5.5 |
| ベトナム | 376 | 4.7 |
| フィリピン | 269 | 3.4 |
| ボリビア | 172 | 2.2 |
| カンボジア | 171 | 2.2 |
| インドネシア | 143 | 1.8 |
| 中国 | 142 | 1.8 |
| インド | 121 | 1.5 |
| その他 | 502 | 6.3 |
| 合計 | 7,940 | 100.0 |

資料：大泉町役場

シュ人等）で約22％。続いて東アジア出身の外国人（中国人，韓国人・朝鮮人）で約3％，その他の地域の外国人（トルコ人等）で約1％となる。町内外国人住民数の人口比率は，2021年に過去最高の19％となった。この人口比率の上昇は，アジアからの在留外国人の増加によるものが大きい。潮目になったのは，2011年の東日本大震災である。震災の影響で，日系人を始めとする外国人が母国に帰国するケースが相次ぎ人口が減少に転じ，そのため町内の製造業の労働力が一時的に不足した。このタイミングに増えたのが，ネパール人を中心とする南アジアや東南アジア出身の外国人である。特にネパール人は，震災前の2009年は32人だったが，震災後の2012年8月には151人と約5倍にも増えている。その後も増え続け，2021年9月には434人で国籍別でペルー人の1,036人に次いで3位となった。これにベトナム人（4位），フィリピン人（5位），カンボジア人（7位），インドネシア人（8位），インド人（10位）が続いており，いずれも日系人の減少を補うように増加している。では南アジア及び東南アジア出身の外国人は，どのような在留資格（資料2）を得て居住しているのか。全国と本県内の傾向から勘案すると，①技能実習，②留学，③家族滞在，④技能，⑤永住者，⑥定住者の順に多いと考えられる。

　在留形態には，国情も関係する。ここでは人口の多いネパール人とベトナム人をケースに考えてみたい。まずネパール人だが，2008年に王制が廃止され共和制に移行したものの政治闘争が続き，経済停滞を招いた。その間，「留学」という手段で出国する国民が増えた。大泉町内でも「留学」の在留資格による若年層を中心とした居住が多い。名目は日本語学校での学びだが，その実態は，勉学より就労が目的となっていることは否めない。また「留学」で入国しながら「難民申請」するケースもある。難民の認定は厳しいが，就労は申請中から可能であり，繰り返し申請もできる。さらに「技能」での在留資格が多い。これは，主としてインド料理店のオーナーシェフもしくはコックという調理資格によるものである。

　続いてベトナム人だが，ベトナム人は，町内で4位の376人（2021年9月）が暮らしている。その内，約半数が技能実習生で，残りは留学や特定技能であ

る。ベトナム人の増加傾向は顕著で，約1年で100人ほど増えている。

## (2) 中国人を中心とした東アジア出身の在留外国人の動向

　ここでは県内で人口の多い中国人について取り上げる。大泉町での在留中国人は，9位の142人で，徐々に人口が減少し，国籍別順位も下がってきている。(2021年9月大泉町役場)。それに対し，高崎と前橋は1,000人規模，太田と伊勢崎は500人規模の在留人口を持ち，また農業や観光の技能実習生を中心に昭和村，嬬恋村，草津町にも相当数在住している。このことから，大泉町よりも生活の基盤となる集住地区が県内各地にあるということがわかる。

## (3) 今後の日系以外の在留外国人の人口動向

　特定技能制度1号，2号が始まる直前の2019年3月と，2年半たった2021年9月を比較したところ，次のようなことがあきらかとなった (**資料2**，**表4**)。

　技能実習での在留資格が多いベトナム人，フィリピン人，カンボジア人，インド人が，コロナ禍にもかかわらず，軒並み人口を増やしている。これは，特定技能制度との関係の有意性が認められる。一方，大きく人口が減少したのは，ネパール人と中国人である。ネパール人は，留学から特定技能への移行が在留資格の手続き上，難しかったのではないかと考えている。中国人は，技能実習が多いにもかかわらず，この2年半で町内で人口が34％も減少したのは，

**資料2**

### 2019年4月に新設された在留資格

「特定技能1号」技能実習を3年経験すれば，5年の在留資格が与えられる。
「特定技能2号」熟練技能が必要。技能試験あり。家族帯同可。在留更新可。

**表4　日系以外の在留外国人の特定技能制度実施前後の人口変化**

|  | 2019年3月 | 2021年9月 |
|---|---|---|
| ネパール人 | 657 | 434 |
| ベトナム人 | 237 | 376 |
| フィリピン人 | 252 | 269 |
| インドネシア人 | 171 | 143 |
| 中国人 | 217 | 142 |
| カンボジア人 | 70 | 171 |
| インド人 | 73 | 121 |

資料：大泉町役場

注目すべき点である。県内の他地域ではこれほどの変化は見られないのでその原因を職住環境の変化などをもとにして調べる必要がある。

　ここまでを整理して，日系以外の在留外国人の人口傾向を予測すると，コロナ禍による経済停滞などの不確定要素があるものの，特定技能制度が普及していくにつれて，全体として人口が増加していくと考えている。特に，東南アジア・南アジア系の在留外国人の人口増が予測される。

## ▌ 4　大泉町の外国人集住地域の実態を教材化した社会科教育の扱い

### （1）国の施策と群馬県の動向から大泉町の状況を考察する

　在留外国人人口の増加及び集住地域の拡散は，大泉町だけの傾向でなく，全国的な傾向である。これは政府が，生産年齢人口の減少の対策として打ち出した外国人労働力の規制緩和政策を，拡大継続しているからだと考えている。

　大泉町の外国人集住地域の実態を教材化するにあたり，まず，なぜ大泉町で在留外国人が増えているのかの原因を，「我が国の少子高齢化問題とそれに対する国の施策」と「群馬県の在留外国人に向けての施策」から考えさせたい。群馬県は，多文化共生・共創「群馬モデル」を提唱し，ぐんま外国人相談ワンストップセンターを設置するなど，在留外国人との共生に前向きな姿勢を見せている。加えて，群馬県は，特定技能制度スタートに合わせて，企画部に外国人活躍推進課を作り「外国人の円滑かつ適正な受入支援施策」を行うことを明言している。このことから，県も本格的に在留外国人の増加を見据えていることがわかる。この県の方針を受けて，大泉町がどんな対応をしているかを考察させる。

### （2）大泉町の外国人集住地域の実態と人口動向を考察する

　次に，1990年の入管法改正以前の1980年頃から現在に至るまでの約40年間の大泉町の人口と在留外国人の変遷を振り返ると共に，その間とってきた大泉町の施策を考察させたい。具体的に以下のような，調査を中心とした学習活

動を行う。

・在留外国人の人口動態をグラフもしくは表で表して，人口比率がずっと上がってきていることを知る。また特に大きな増減のあった年に注目させ，その時，何が起きたかを知る。

・在留外国人の国籍別人数と人口推移を調べ，半数を占めるブラジル人と急激に人数を増すベトナム人に注目させ，以下この2カ国を日系外国人と非日系外国人の代表として抽出し学習することとする。

・両国の在留資格や職種を調べ，違いを知る。

・両国の集住地域が町内のどの地域にあるかを知る。

・両国の在住事情に詳しい人への聞き取りを通して，定住か帰国かを含め，住みやすさや働きやすさ，日本人との共生感覚を調べる。

・学習者本人及びその家族への聞き取りを通して共生感覚を調べる。

・町の在留外国人に対する施策を調べる。

・受入企業や監理団体のスタンスを調べる。

・今後の人口動態を予測し，在留外国人が増え続けた場合のメリットやデメリット及びその解決策について考察する。

## ▎5　おわりに

　本稿では，大泉町の在留外国人は，1995年からの日系ブラジル人受け入れが端緒となり，その後，リーマンショック以降，東南アジアを中心とする在留外国人が増加しその比率をあげていることを説明した。さらにコロナ禍にあっても在留外国人の微増傾向は変わっていないことを示した。この微増の理由について大泉の外国人事情に詳しい小学校の日本語指導助手に聞くと，太田や足利，さらには埼玉北部の工場労働者として働く在留外国人が，外国人にとって住みやすい町「大泉」を居住地に選ぶケースが増えているからだという話を聞いた。

　ここまで，社会科は，この大泉町の在留外国人の増加傾向について，上記し

た大泉独自の事情に加え，少子高齢化や国際化に対応する国や県の施策に起因することを明らかにすべきだと論じた。そして，外国人集住地域としての大泉町の実態をブラジル人に代表される日系外国人と，ベトナム人に代表されるとする新興の外国人勢力とを調べ，その特徴をつかむと共に，生じるメリット，デメリットを知ることで，今後在住外国人と日本人とがどのような共生関係を築くべきか見識を持つことが社会科の役割だと感じている。

　社会科は，外国人の人口増を日本の社会構造の大きな変化の一つとして捉え，正しく認識させる責務を担っていると考える。外国人労働者の増加は，施策を間違えれば，日本人の雇用や賃金に影響を与える恐れがあり，また文化や習慣の違いから生じる問題が重なることで，差別や排斥の台頭を招きかねない。一方で外国人労働者の権利や待遇について実効力のある規定を作らなければ，外国人の人権を軽視する国と誹りを受ける恐れもある。また国内の治安上の観点から言っても必要である。実際，2020年の9月以降に頻発した，ベトナム人技能実習生による家畜や果樹の窃盗事件は，監理団体の杜撰な管理が背景としてある。社会科教育は，児童・生徒にこうした問題を取り上げ，正しく認識させることで，将来，外国人と共存・共生に向かうための方向性を導くものと信じている。

### 参考文献

NHK取材班（2017）『外国人労働者をどう受け入れるか──安い労働力から戦力へ』NHK出版.

加藤ゆかり（2019）「地域に根差した多文化共生学習のための基礎的考察」『群馬社会科教育研究』第7号，群馬社会科教育学会.

上毛新聞社（1997）『サンバの町から──外国人と共に生きる群馬・大泉』上毛新聞社.

上毛新聞（2019）連載記事「あしたの仕事　第4部　外国人」2019年2月.

徳田剛他（2019）『地方発　外国人住民との地域づくり──多文化共生の現場から』晃洋書房.

芹沢健介（2018）『コンビニ外国人』新潮社.

（木村　秀雄）

# 2 | 群馬県における郷土かるた活動の動向と方向性，並びに社会科教育への期待

## 1 はじめに

　群馬県には，児童生徒の郷土認識の形成に好影響を与えている「上毛かるた」をはじめとした郷土かるたが多数存在する。本稿では，筆者らが長年にわたり取り組んでいる郷土かるた研究を整理し，群馬県における郷土かるた活動の動向と方向性，並びに今後の社会科教育への期待について論じる。

## 2 郷土かるたの定義と価値

　筆者らが運営するNPO法人日本郷土かるた協会では，「郷土かるたとは，郷土に関連する諸事象をいろはかるたの形式によってカード化（かるた化）したものである」と定義する。さらに郷土かるたといえる条件は，郷土の空間的範囲が都道府県，市区町村，学区域等であること，内容に郷土の自然，歴史，産業，文化等が詠まれていること（何か一つのジャンルに特化して作られたものも郷土の特色を表していれば広い意味で郷土かるたとする），頭文字がいろは順またはあいうえお順の形式であるもの（同じ頭文字が複数組ある百人一首形式のかるたも前記の条件を満たしていれば郷土かるたとする），である。

　郷土かるたの教育的・文化的価値は3つある。1つ目は，世界に類のない日本文化であるという価値である。かるた遊びのルーツは平安時代の貝合わせや貝覆い等の貴族の文化にあり，南蛮貿易時代にもたらされた紙のカードと合体し，その後，和歌やことわざなどを読み込んだ様々なバリエーションが生み出されたという経緯がある。<sup>(1)</sup>一枚の読み札に一枚の絵札を対応させること

で遊びと教養を融合させた文化は現時点で世界には見あたらない。2つ目は，楽しみながら郷土を認識できるという価値である[2]。郷土かるたは地域に関する知識だけでなく，情意にも大きな影響を及ぼしている。3つ目は，感覚に働きかけ，身体性を発達させるという価値である。郷土かるたで遊ぶ際には，「観る」「聴く」「話す」「触れる」等，身体中の感覚を使う。これにより，観察力，記憶力，集中力，自発性，俊敏性，協調性等々，人間が持つ様々な能力を引き出し，発達させているといえる。

## 3　全国の郷土かるたの動向と群馬県内における活動事例

### （1）全国の郷土かるたの動向

　これまで日本各地で制作された郷土かるた[3]は2,600種以上あり，そのうち，都道府県かるたは190種で全体の7%，大勢は市区町村かるたである。都道府県別の制作数は，1位が群馬県で150種，2位が長野県で129種，3位が埼玉県で123種である（2021年12月現在）。

　郷土かるたは戦前から制作されているが，戦後になり，地方の時代と呼ばれる1970年半ば以降，全国的に増加した。背景にあるのは，高度経済成長の反省に立った自治的な地域づくりや地域の子どもたちの健全育成である。この時期は第1次郷土かるたブームと言ってよいほど，全国各地の自治体や小中学校，地域の諸団体等で，子どもや住民を巻き込んだ制作活動が行われた。そして，第2次郷土かるたブームが，1998年前後からの"平成の市町村大合併"期に起こる。背景にあるのは，地域の歴史や地名，文化，つながりなどを残そう，合併を機に新たな住民意識やまとまりを作っていこうという動きであり，合併補助金などがそれを支えた。2011年の東日本大震災発生以降，制作数は減じるが，それでも今日，年間数十の郷土かるたが国内のどこかで制作されている。

　近年制作された郷土かるたの特徴としては，2000年代後半以降，経済の低成長や長引く不況の打破を目指した"地域活性化"や"地方創生"，グローバル

社会における"日本文化の世界発信"等を背景に，新作したり，旧版を復刻，改訂，増刷したりする動きがみられる。特に自治体や地元商工団体等による取り組みが活発である。また，方言，防災，震災復興，多言語版等，現代的な諸課題をテーマにしたものも登場している。高校生や大学生ら若い世代が地域連携や地域貢献の一環として協働したり，メディア・IT産業が商業・観光目的で連動したりして，地域の魅力を積極的に発信しているのも特徴的である。2000年代後半から現代にかけては第3次郷土かるたブームと言えるだろう。

## (2) 群馬県内の郷土かるたの活用事例

　群馬県内での活用事例について，コト系とモノ系に分けて概要をまとめる。

　コト系とは，遊びや展示など，集客的な活用とする。群馬県内では競技大会以外に，各種学校や施設等でユニークな活用が行われている。例えば，群馬県子ども会育成連合会の「上毛かるた競技県大会」をはじめとした県内各地域での大会，展示，札めぐりやクイズなどのイベント，オンラインアプリ，創作劇，歌，書道パフォーマンス，飲食店コラボグルメ，講演・座談会等々がある。

　モノ系とは，書籍やグッズ，屋内外の装飾展示などの活用とする。例えば，群馬県発行『「上毛かるた」で見つける群馬のすがた』『ガイドマップ「上毛かるた」めぐり』等の書籍，キーホルダー等のグッズ，観光タイル・看板・ポスター，電柱広告，まちのお祭り飾り，商業施設内装飾展示等がある。モノ系は費用がかかることや，県外発信も兼ねていること等から，「上毛かるた」関連が多い。[(4)]「上毛かるた」については，2013年に全権利が財団法人群馬文化協会から群馬県に移譲されて以降，モノ系コト系双方で一般の利用が増えている。

## (3) 群馬県内学校教育における郷土かるたの活用事例

　管見の限りだが，群馬県内の学校教育における活用を学校種別に紹介する。

　小学校段階では生活科，国語科，社会科などで活用されている。[(5)]生活科では季節の行事や地域の人との交流場面で，国語科では「話す」「聞く」「書く」「読む」の4技能を育成する教材や伝統的言語教材としての側面から，社会科では

中学年の身近な地域（郷土）学習や第6学年の歴史学習において，その動機付けや主体的な調べ学習，まとめ教材として活用されている。これらの教科では教科書でもかるたの札やかるた遊び，かるた作り等が取り上げられている。また，総合的な学習の時間において，「郷土」や「国際」をテーマにした教科連携学習も見られる。PTA等による交流・学習行事としても活用されている。

　中学校・高校段階では，主に総合的な学習の時間での郷土探究学習教材として活用されている。例えば，高崎市立佐野中学校総合的な学習の時間での郷土探究学習，群馬工業高等専門学校日本史での杉木茂左衛門を組み込んだ農民一揆学習，吉井高校総合的な学習の時間「群馬学」での「平成上州かるた」制作，利根商業高校総合的な学習の時間「みなかみふるさと創生学」でのかるた制作等がある。公立高校入試問題に「上毛かるた」が使われたこともある。<sup>(6)</sup>

　大学段階では，群馬大学の講義や高大連携講座での講演・かるた作り，中央図書館郷土かるたコレクションの設置・公開等がある。群馬県立女子大学では，「たまむら歌留多」原画制作や群馬学センターでの「上毛かるた」研究等がある。共愛学園前橋国際大学では，「ぐんま方言かるた」の制作と学校への普及活動等がある。なお，群馬県外の例だが，白鷗大学教育学部（栃木県）では，小学校社会関連の講義で，郷土かるたの紹介や郷土かるた作りを行っている。<sup>(7)</sup>

　学校教育の域を超えるが，国土社刊児童書『かるたをつくって遊ぼう！』全2巻がある。<sup>(8)</sup>1巻は日本におけるかるたの歴史や郷土かるたほか各種かるたの紹介，2巻は郷土かるた作りの具体的な方法で構成されている。全国の学校図書室や公立図書館等に納品されていることから，群馬県はもとより，広く全国の児童生徒，学校関係者，一般の学習利用が図られていると推察される。


## ▍4　郷土かるた活動の今後の方向性─実施面と内容面─

### （1）郷土かるた活動の今後の方向性─実施面─

　現在郷土かるた活動が直面している喫緊の課題解決の見地から，郷土かる

たの代表的存在「上毛かるた」を例に実施面と内容面から方向性を考えたい。

　実施面は，子どもたちの郷土かるた経験，大人たち（社会）の郷土かるたニーズ，直接対峙せずとも楽しめる活動の工夫の3点から課題と方向性を考える。

### ① 子どもたちの郷土かるた経験

　近年，群馬県では子どもたちの「上毛かるた」離れが進んでいる様子である。ゲーム機器等での遊びの定番化，興味・習い事の多様化等がその理由である。また，「上毛かるた競技県大会」を継続開催し「上毛かるた」経験者数の増加に貢献してきた群馬県子ども会育成連合会の加入者が，少子化や地域活動への参加敬遠等のため減少していることも大きい。子どもたちの「上毛かるた」離れが進むと，群馬県民が長きにわたって育んできた1つの郷土文化の世代間断絶が起こり，衰退・消滅していく可能性がある。そこで，いかに子どもたちと「上毛かるた」とが出合い，楽しく遊んだり活用したりするような仕掛けを地域社会・学校教育が協働で作っていけるかが，1つの方向性になると考えられる。

### ② 大人たち（社会）の郷土かるたニーズ

　子どもたちの実態に対し，群馬県の大人たちの「上毛かるた」ニーズは高まっている。子どもの頃遊んだ「上毛かるた」でまた楽しみたい，「上毛かるた」を地域活性に生かしたい等がその理由である。それが形になり，2013年から都内で「KING OF JMK」という大人有志による「上毛かるた」の全国大会が，2019年から群馬県内で「大人の「上毛かるた」県大会」が開かれるようになった。大人たちが真剣に競技する姿や，仲間と楽しく交流する姿を見せることは，子どもたちの成長に多大な好影響を与えるだろう。大人たちの盛り上がりを維持していくとともに，今後は障碍を持つ方，高齢者，外国にルーツを持つ方など，多様性や多文化共生の視点からの活用を増やすことも考えるべきだろう。

### ③ 直接対峙せずとも楽しめる活動の工夫

　2020年春以来の新型コロナウイルス感染症問題で，1948年から毎年開催されてきた「上毛かるた競技県大会」は2021年に初めて中止となった。全国的

にも郷土かるた活動はコロナ禍で停滞した。郷土かるた大会は不要不急の活動かもしれないが，郷土文化は郷土社会（社会共同体）を維持する重要な機能の一つであることを鑑みれば，直接対峙せずとも楽しめるような活動を研究・開発する必要がある。例えば，ICT による非対面での活動が可能になれば，空間的制約を受けずに済む。今後また対面が叶わなくなった際に生かせるだけでなく，インターネットを介した郷土かるたの国内外の大会開催や各種交流も期待できよう。

## （2）郷土かるた活動の今後の方向性─内容面─

　内容面については，平成29年版学習指導要領社会の改訂の趣旨及び要点をふまえた課題と方向性を社会科教育の立場から考える。特に，社会的見方・考え方を働かせた深い学びとなるように生かす，教科等連携教材として生かす，現代的な諸課題や地域課題の解決教材として生かす，ICT 教材化して生かす，の4点から考える。

### ① 社会的見方・考え方を働かせた深い学びとなるように生かす

　例として，筆者が白鷗大学「社会科概説Ⅱ」で実践している郷土かるたパノラマ作りを紹介する。郷土かるたの札を並べると，札に表現された様々な郷土の姿がパノラマのように広がる。これまでの社会科では，都道府県や市区町村の（白）地図上に札を並べてその地域の特色を探究するような活動は見られたが，本講義では札をカテゴリー別に分けて並べる手法の地域探究を行っている。

　探究活動は3ステップで構成する。ステップ1では，読み札，絵札，解説文一覧，題材所在地図等をよく読んで，図1のように階層化した5つのカテゴリー（自然，歴史，交通産業，文化，公共政策・公共施設）別に読み札を並べる。複数のカテゴリーにまたがるような場合は，関わりが一番強いと判断したカテゴリーに並べる。読み札を並べ終えたらその上に絵札を重ねる。これで郷土かるたパノラマの完成である。ステップ2では，同じカテゴリーに並べた札の題材から見えてくる郷土の地域的特色を考える（例：自然のカテゴリーに並べた

札の題材から○○という地域性が見えてくる）。ステップ3では，カテゴリーを越えた題材相互の関連性，つながりを探し，その結果見えてくる郷土の地域的特色を考える（例：交通産業のカテゴリーに並べた題材 A と文化のカテゴリーに並べた題材 B から○○という地域性が見えてくる）。

　この郷土かるたパノラマ作りと探究活動は，グループで取り組むと主体的で対話的な活動となる。社会的事象の見方・考え方とは，位置や空間的な広がり，時期や時間の経過，事象や人々の相互関係等に着目して捉え，比較・分類したり総合したり地域の人々や国民の生活と関連付けたりすることとされているが，グループ活動を通してより多面的・多角的な気づきが生まれるため，社会的見方・考え方を働かせた深い学びが可能になるだろう。これは教員養成大学での実践例だが，小学校から高校まで，発達段階に合わせたアレンジも可能だろう。

| 子どもや市民生活に関わる公共政策・公共施設 | |
|---|---|
| 交通産業 | 文化（風習，祭り，イベント） |
| 歴史 | |
| 自然 | |

**図1　郷土かるたパノラマ**

## ② 教科等連携教材として生かす

　平成29年版学習指導要領で謳われている教科等横断的なカリキュラムマネジメントの観点から，各教科における郷土かるたの活用案を以下に提示する。

　国語科では，多様な言語文化の学習と関連させ既刊の郷土かるたを使ったかるた遊びや郷土かるた作りをする。その下地として，生活科で郷土かるた（一般的なかるたでもよい）遊びを行い，日本語のリズムやかるた遊びに親しませておくとよい。社会科では，地歴公民分野の各内容で身近な地域（郷土）との関わりを積極的に見出し，可能であれば方言を取り入れた郷土かるたを作ったり，既刊の郷土かるたの札を活用した単元学習を行ったりする。理科では社会科と連携させながら，地域の生態系や自然災害等をテーマにした郷土かるたづくりを行う。また，既刊の郷土かるたには一般的に自然的な題材が多

く詠まれているので，関連する単元で活用する。外国語科（外国語活動の時間）では，既刊の郷土かるたを使って各札のキーワードや簡易なフレーズを外国語で札に書いたり，ALT（外国語指導助手）らと遊んだりする。また，既刊の英語版の郷土かるたや世界の国・地域を題材にした多言語版かるた等を発達段階に合わせて活用する。図画工作科では，既刊の多種多様な郷土かるたの読み札・絵札から美術的技法を学ぶ。従来の画法に加え，パソコンやタブレット等を使用した札作りを行う。道徳科では「伝統と文化の尊重，国や郷土を愛する態度」の観点から，日本文化としてのかるたの価値や，郷土かるたに込められた地域の人々の願いや思いを聞いたり考えたりする。総合的な学習の時間では，各教科等の学習を通して児童が問題意識を持った現代的な課題を取り上げ，インタビューや現地調査など探究活動を行いながら，最終的に郷土かるたにまとめ，発表する。家庭や地域の人を招いたかるた大会や発表会等を実施してもよいだろう。

　このような方法で教科横断的に郷土かるたを取り入れてカリキュラムマネジメントすることにより，児童生徒の主体的・対話的で深い学び，協働的な学びが可能になり，また，地域や関係施設の協力も得ることで，「社会に開かれた教育課程」の実現にもつながっていくのではないだろうか。

③ 現代的な諸課題や地域課題の解決教材として生かす

　例としてSDGs[9]の視点を取り入れた郷土かるたの活用を提示する。SGDsは現代社会の問題を包括的に取り上げているので，地域の視点でそれらに気づき，最善の解決策を考えていくうえでのトリガーになり得る[10]。郷土かるたの多くは持続可能な地域づくりを目的に発行されているため，SDGsはもちろん，先行するESDの教材になり得る。

　筆者は群馬大学講義にて，SDGsの視点から郷土かるたを分析し現代的意義を考えるという取り組みを行い，この活動が世界の課題と地域の課題を結び付けるような視野の広がり，つながりの視点，自分事としての視点を養う[11]ことができているという手応えを感じている。

　「上毛かるた」を例にあげれば，「上毛かるた」そのものがゴール4「質の高

い教育をみんなに」に関わると学生は指摘する。「上毛かるた」は戦後 GHQ の占領下で地理や歴史の教科書代わりになるよう作られたが，当時の子どもたちに学ぶ機会を設けていた意義があったことから，現代の教育の在り方について比較探究できるからである。また，「浅間のいたずら 鬼の押出し」の札は，ゴール11の「住み続けられるまちづくりを」に関わると指摘する。天明の浅間山大噴火の被害を知ることで，現代の防災・減災について考えられるからである。身近な地域の自然災害については平成29年版学習指導要領で小学校第4学年社会科の内容として独立したが，「浅間の…」の札だけでなく「利根は坂東一の川」の札も，風水害による河川の氾濫や浸食被害と人々の対策について学べる札である。[12] 利根川について学生は，原生林と海はつながっているという視点から，ゴール14の「海の豊かさを守ろう」とゴール15の「陸の豊かさも守ろう」に関わっていて，後世まで保全しようと人々を促す意義があると指摘する。これは，1つの札が複数のゴールに関係しているという好例だが，SDGs の17の目標は相互に関係しあっていることにも気づける。郷土かるたとSDGs を組み合わせた教材を開発する際は，169の達成基準まで精読するとよい。教材化の視点が広がるとともに，SDGs のねらいと齟齬のない教材ができるだろう。

　なお，関西学院大学SDGs・生物多様性研究センターの「SDGsかるた」[13] ほか，全国の学校や市民団体等がSDGs をテーマにかるた作りを行っている。社会科としては，このような社会活動と連動させた教育内容や教材作りも考えたい。

### ④ ICT 教材化して生かす

　教育界への ICT 導入が図られていた[14] 中，世界的な新型コロナウイルス感染症問題の発生により，全国の学校は臨時休校措置や遠隔授業対応に迫られ混乱を極めた。[15] ICT 活用能力を高めるためだけでなく，予期せぬ非常事態に備える意味でも，教材の ICT 化を積極的かつ早急に進めなければならないだろう。[16]

　ICT を使って郷土かるたを教材化する際に注目したいのが，群馬大学総合情報メディアセンターの郷土かるたコレクションデジタルアーカイブである。[17]

同コレクションは1997年に開設され[18]，現在300近い作品が所蔵されている。学校教育や一般の郷土学習への活用，新たな研究の発展，地域の特性を活かした諸活動等に貢献することを目的に，2020年度末よりインターネット上で順次公開しており，館外からの閲覧が可能である。また，全国の郷土かるたの中にはインターネット上でデータを公開するものが増えてきているので，情報教育と関わらせたり，遠隔会議システムを使って関係者や場所にアクセスできるような学習活動を増やしたりすると，対面・非対面にかかわらず，子どもたちの学びが保障できるとともに，学びの選択肢を増やせるだろう[19][20]。ビッグデータを使った郷土かるたの AI 教材や VR 教材の開発も期待したい。

## ▍ 5 社会科教育への期待

　本稿では，郷土かるたの定義と価値，全国の郷土かるたの動向と群馬県内での活動例，郷土かるた活動の今後の課題・方向性等について論じてきた。これらをふまえて社会科教育に対する今後の期待を2つ記したい。

　ひとつは，郷土文化の継承・発展に関わる期待である。郷土文化とは，その根底に，共通の感覚を共にした人と人とのつながり，支えあいがある。群馬県は先述した通り，制作数・活用数ともに日本一の郷土かるた県である[21]。「上毛かるた」をはじめ，各地域の郷土かるた遊びを通じた郷土教育が，学校，家庭，地域で展開されているため，郷土かるた活動を介した地域の人々のつながりが見られる。つまり，郷土かるた活動は個としての諸能力の育成に寄与するだけでなく，活動を通して心的な距離，共通の感覚や人々のつながり，支えあいを生んでいる。それゆえ，郷土かるたは持続可能な地域社会を形成する郷土文化のひとつであり，社会科教育としても重要な教材であることをあらためて強調したい。郷土かるた活動が継続・発展していくためには，先述した課題を丁寧に解決していくことが必要だが，例えば実施面と内容面の課題を組み合わせて模索していくことで，問題解決が一気に進展する可能性も期待できよう。

もうひとつは，人間にとっての郷土の意義や価値に対する省察への期待である。これは郷土かるたに限らず身近な地域教材全般に言えることだが，人間にとっての郷土の意義や価値を，現在，そして将来展望的な視点で教師一人一人の日々の生活経験から問い直し，それに基づく教材づくりを求めたい。

　本稿で論じてきた群馬県における郷土かるた活動とその課題・方向性を手がかりに，郷土かるたを取り入れた特色ある群馬の教育計画・教育実践が堅実に積み重ねられていくことを心から願っている。


## 注及び参考・引用文献

(1) 原口美貴子・山口幸男 (1995)「郷土かるたの全国的動向」『群馬大学教育学部紀要人文社会科学編』第44巻.
(2) 原口美貴子・山口幸男 (1994)「郷土かるた遊びと郷土認識の形成──群馬県の上毛かるたの場合──」『群馬大学教育実践研究』第11号.
(3)「ふるさと発見 郷土かるた館」http://taki-forest.my.coocan.jp/karuta/karuta.html (2021年8月20日閲覧)
　群馬県出身の個人収集家が運営するサイトだが，ある程度信頼性の高いデータとして，郷土かるたの制作動向を窺う際の参考にしている。ただし，郷土かるた以外や実体不明なものも含まれているため，実数は1，2割減と見ている。
(4) 立看板の設置や書籍の発行については，旧勢多郡富士見村の「富士見かるた」等，市町村レベルの例もある。
(5) 学校教育における郷土かるたの活用としては以下の研究・実践例がある。
　・原口美貴子 (1995)「学校教育における上毛かるたの活用」『群馬大学教育実践研究』第12号.
　・群馬県利根郡月夜野町立桃野小学校本田利典教諭は「上毛かるたを活用した単元構成と学習展開の工夫」を研究テーマとし，第4学年「わたしたちの群馬県」で「上毛かるた」に読まれた場所を地図で調べ，発表したり比較したり，国内の他地域や外国との結びつきを考えたりする活動を行った (1999年)。
　・群馬大学附属小学校今井東教諭は，第3学年総合的な学習の時間「くすの木タイム」における「留学生のみなさん ようこそ附属小へ」で，児童が留学生に「上毛かるた」遊びを教えて楽しむ活動を行った (1999年)。
　・文部省指定研究開発学校・群馬県教育委員会指定・研究開発校の群馬県富岡市一ノ宮小学校では，廣木泰教諭・神戸香奈江教諭が第3学年総合的な学習の時間における「一ノ宮かるたを知らせよう」で，「一ノ宮かるた」を取り上げた国語，社会，算数，図工，情報等の教科連携学習を行った (1999年)。

- ・群馬県利根郡水上町立水上小学校林佐一郎教諭は「「上毛かるた」を活用した子ども主体の社会科学習」を研究テーマに，第4学年県の様子の学習で，「上毛かるた」を使って県の特色を調べたり表現したりする活動を行った（2001年）。
- ・群馬県伊勢崎市教育委員会は，第3・4学年社会科身近な地域に関する学習で活用することを想定して，市内小中学校・幼稚園に「いせさきかるた」をを配布した。市立豊受小学校では総合的な学習の時間で同かるた遊びを通して市の歴史や文化を学んだ（2015年）。
- ・群馬県安中市立碓東小学校佐藤浩樹教諭は，第4学年地域の発展に尽くした先人に関する学習単元で「つたえる人うけつぐ人―安中灯籠人形―」をテーマに掲げ，児童になじみのある「安中かるた」を導入に用いたり，かるたを手掛かりに調べたり表現したりする活動を行った（2006年）。
- ・群馬大学附属小学校6年3組の児童は，総合的な学習の時間において，前橋市の中心商店街の良さを伝え活性化につなげることを目指した「前橋商店街かるた」を制作した（2017年）。
- ・原口美貴子（2019）「郷土かるた―文字文化としての魅力，教科等横断的な学習材」，教育出版小学国語通信『ことばだより』2019年秋号，pp.12-15.
(6) 2016年2月実施群馬県立高崎女子高等学校前期選抜入学試験問題社会，2021年3月実施群馬県公立高校学力検査問題社会。
(7) 白鴎大学教育学部における実践報告としては下記がある。
- ・原口美貴子（2015）「白鴎大生と取り組んだ「小山かるた」づくりの実践報告―小学校社会科身近な地域（郷土）に関する学習の指導力育成をめざして―」『白鴎大学教育学部論集』第9巻第2号，pp.411-439.
- ・原口美貴子（2017）「白鴎大生と取り組んだ「栃木かるた」づくりの実践報告―小学校社会科身近な地域（郷土）に関する学習の指導力育成をめざして―」『白鴎大学教育学部論集』第11巻第3号，pp.289-315.
(8) 原口美貴子（2019）『かるたをつくって遊ぼう！1　いろいろなかるたを見てみよう』国土社．原口美貴子（2019）『かるたをつくって遊ぼう！2　オリジナルかるたをつくってみよう』国土社．
(9) SDGsは平成29年版小学校学習指導要領で，「持続可能な社会づくり」という表現で記載されている。社会科各社教科書にはSDGsの用語が登場する。
(10) 田中治彦・奈須正裕・藤原孝章編（2019）『SDGsカリキュラムの創造』学文社，pp.1-9.
(11) 寺崎里水・坂本旬編著（2021）『地域と世界をつなぐSDGsの教育学』法政大学出版局．
(12) 「ぐんまの自然と災害」編集委員会編（2018）『ぐんまの自然と災害』上毛新聞社．

(13) 関西学院大学 SDGs・生物多様性研究センター「～豊かな未来を創る～ SDGs かるた」https://kg-sdgs-center.jimdosite.com/（2021年8月20日閲覧）

(14) 堀田博史監修・編著（2021）『GIGA スクール構想 小学校低学年1人1台端末を活用した授業実践ガイド』東京書籍.

(15) 文部科学省教育課程課／幼児教育課（2021）「特集1 新学習指導要領全面実施一年目を振り返る」『初等教育資料』2021年4月号，No.1006，東洋館出版社，pp.1-57.

(16) 教育再生実行会議（2021）「ポストコロナ期における新たな学びの在り方について（第十二次提言）」（2021年6月3日）

(17) 群馬大学総合情報メディアセンター中央図書館「郷土かるたコレクション」https://carta.media.gunma-u.ac.jp/index.html（2021年8月20日閲覧）

(18) 山口幸男・原口美貴子（1997）「日本一の群馬大学郷土かるたコレクション」『LINE（群馬大学図書館館報）』No.272.

(19) 朝倉一民（2021）『ICT で変わる社会科授業 はじめの一歩』明治図書.

(20) 「特集 ICT 活用で授業が変わる！最新実践アップデート」『教育科学社会科教育』2021年8月号，No748，明治図書.

(21) 原口美貴子（1996）『上毛かるた，その日本一の秘密』上毛新聞社.

（原口 美貴子）

# 3 群馬大学教育学部附属中学校における社会科研究の動向

## 1 はじめに

　「主体的・対話的で深い学び」の実現に向けた授業改善が求められ,「めあて」の設定と「振り返り」の場面を取り入れた授業, ICT を活用した授業などが実践されるようになってきている。一方で, 群馬県内の中学校社会科の授業をみると, 授業時数や高校入試などとの関係もあって, ワークシートを活用しての事実的な知識の習得に重きを置くような授業も依然として少なくない。

　本稿は, 毎年, 公開研究会を実施したり研究紀要を発行したりするなどして群馬県の中学校社会科において先導的な役割を果たしてきた, 群馬大学教育学部附属中学校(以下, 附属中学校)社会科の平成時代における研究動向を概観するものである。そして, このことにより, 今後の社会科教育実践への何らかの手がかり, 示唆を得たいと考えている。

## 2 平成元 (1989) 年の学習指導要領実施期の研究

　平成元年3月告示の中学校学習指導要領は, 21世紀に向けて社会の変化に自ら対応できる心豊かな人間の育成を基本的なねらいとし, 社会科では主に以下のような改訂が行われた。

　　○社会の変化, 特に国際化や情報化の進展に対応した内容の改善

　　○内容の精選と各分野に充てる授業時数の割合の設定

　　○生徒の主体的な学習を促すための「適切な課題を設けて行う学習」の設定

　　○選択教科としての「社会」の新設

この改訂は，昭和62年12月の中央教育審議会答申の趣旨を踏まえて行われたもので，全面実施は平成5年度からであった。

**表1　平成元 (1989) 年の学習指導要領下における研究主題**　上段：全体　下段：社会科

| S63 ～ H2 | 学ぶ力の育成に関する実践的研究<br>生徒の意欲的な学習活動を促す指導法の工夫 |
|---|---|
| H3 ～ H6 | 学ぶ喜びを高め，豊かな心をはぐくむ授業の創造<br>社会的事象を深く見つめ，考え判断する力を育てる授業の創造 |
| H7 ～ H9 | 主体的・創造的に生きる生徒の育成 ──柔軟な思考力と豊かな表現力を育てる指導の工夫──<br>見方・考え方を深め，よりよい社会の在り方を考える生徒の育成 |

　この学習指導要領の改訂，移行期に行われた昭和63年度からの研究は，1単位時間の課題解決的学習の充実と，授業と家庭学習とを結び付けることを目指した。具体的には，家庭学習において仮説の設定に必要な基礎的・基本的事項を「学習カード」を用いて調べさせ，授業ではこれを基に，「課題カード」を活用して仮説の設定，検証を行うものであった。それは，仮説の設定に必要な知識を家庭学習によって補充し，仮説の設定，検証にかける時間を確保しようとする取組であった。また，基礎的・基本的事項を明確にし，試験等に必要と思われる「身に付けるべき知識」に対する生徒の不安や負担感を軽減することもねらっていた。なお，本研究では選択教科「社会」の新設に向けて「選択講座」の研究も進めている。

　つづく平成3年度からの4年間は，指導方法の工夫や教材開発による社会科の授業づくりに取り組んだ。この研究で目指した授業は，①社会的事象に対して驚きや困惑，感動や共感を抱かせ，それらを追究の原動力にしていく授業，②社会的事象の中に自己を投影できる授業，③多様な見方・考え方に気付き，それを基に自己や社会にとってよりよい解決手段を探っていくことのできる授業，④社会的事象を追究し，やり終えた後の成就感を味わうことのできる授業，の4つであった。最終的には，①と④については生徒が課題を設定する，あるいは生徒が課題を選択する「適切な課題を設けて行う学習」を，②につい

てはシミュレーション，模擬裁判，劇化などの「作業的，体験的な学習」を，
③については「ディベート」を，それぞれ実践し，その有効性を検討してい
る。

　平成7年度からの3年間は，思考力・判断力・表現力を重視した「新しい学
力観」を踏まえ，学校全体で思考力と表現力を育てる研究に取り組んだ。社会
科では，社会的事象をさまざまな観点から捉えるとともに，それらを関連付け
て考えることを「見方・考え方を深める」こととし，分析，比較，因果，条
件，関連などの思考方法を育てようとした。具体的には，課題解決学習におけ
る仮説設定の段階に「思考の関連図」（ウェビングマップ）を，検証の段階に
「トゥールミンモデルを取り入れた検証カード」を，それぞれ導入している。
また，公民的分野では論争問題を教材とし，ディベートフォーマットの改善
や，リサーチ段階に「思考の関連図」を取り入れる工夫を行っている。そし
て，こうした学習活動の中で，文章や図表などの適切な表現方法を選び，自ら
の意見や考えを論理的に伝える力を育てようとしている。本研究では，因果，
条件などの思考方法と地理的な見方・考え方や地理的意識，歴史的思考力や
歴史意識との関係をかなり詳細に検討しているが，結果的には明確に解明で
きないまま終わってしまっている。

## 3　平成10 (1998) 年の学習指導要領実施期の研究

　平成10年12月に告示された中学校学習指導要領のねらいは，完全学校週5
日制の下，各学校がゆとりの中で特色ある教育を展開し，［生きる力］を育成
することであった。そして社会科では，主に以下のような改訂が各分野の特質
に応じて行われた。

　○内容の厳選
　○調べ方や学び方を学ぶ学習の重視
　○社会の変化に対応した内容の刷新，更新
　○3分野を関連付けて扱う項目の設定

**表2　平成10（1998）年の学習指導要領下における研究主題**　上段：全体 下段：社会科

| H10<br>〜H12 | 生きる力を主体的に身に付けようとする生徒の育成 ──「総合的な学習の時間」を取り入れたカリキュラムの開発と実践──<br>主体的に社会的事象を追究し，公正に判断する力を身に付けた生徒の育成 |
|---|---|
| H13<br>〜H16 | 生きて働く基礎・基本を自ら確実に身に付ける生徒の育成 ──新教育課程の編成と教科の本質に迫る授業の創造──<br>社会的事象を多面的・多角的に追究する視点や方法を身に付け，公正に判断する生徒の育成 |
| H17<br>〜H18 | 豊かな学力を身に付け自己実現を図る子どもの育成 ──「考える力」「表す力」を培う幼小中一貫教育を通して──<br>見方や考え方を深め広い視野から社会的事象をとらえる力を高める授業の創造 |

　平成10年度からの3年間は，14年度からの学習指導要領の全面実施に向け，学校全体で「総合的な学習の時間」の研究に取り組んだ。社会科も，社会科の学習の成果と総合的な学習の時間の学習の成果が互いに生きるよう，課題解決学習の改善・充実に取り組んだ。具体的には，「課題の設定」や「仮説の設定」の前に「情報の収集」の段階を位置付け，社会的事象から課題を見いだす力，既得知識や見方・考え方を適用する力，学習計画を立てる力，資料を収集・選択・活用する力を育成しようとした。特に，「課題の設定」前の「情報の収集」の段階にロールプレイや資料作成などの作業的，体験的な活動を取り入れ，課題を見いだす力の育成に力を注いだ。

　平成13年度からの4年間は，社会科の本質に迫る授業づくりについて研究を進めた。この研究では，社会科の本質を「社会的事象の特色や意味を理解すること」と捉え，①追究（事実認識）の視点を身に付ける授業，②追究（事実認識）の方法を身に付ける授業，③公正に判断する力を身に付ける授業，④自らの意思を明らかにする力を身に付ける授業という，4つの授業づくりに取り組んだ。①では身近な事例や具体的な事例の活用，②では必要な情報を判断し，資料からそれを抽出し分析する作業的な学習，③では複数の視点から仮説の正誤を検討する話合い活動，④ではよりよい社会の実現に向けた意思決定の授業を提案している。また，14年度には，「目標規準」と「判定基準」による「目標に準拠した評価」の考え方・進め方を公表し，手探りの状態であった目標に

準拠した評価の考え方・進め方に1つの手がかりを与えている。さらに，35週で割り切れない年間授業時数の教科があることから，学校としてロングサイクル方式，モジュラー方式などを取り入れた校時表を編成し，社会科では75分授業を実施している。

　平成17・18年度は，平成16年4月に群馬大学が国立大学法人としてスタートしたことを受け，附属学校（幼稚園，小学校，中学校，養護学校）として統一主題による研究を進めた。この研究では，豊かな学力の中核を「考える力」と「表す力」と捉え，社会科では，新しい情報や他者の見方や考え方を取り入れて広い視野から社会的事象の意味や特色を考察する力と，自らの考えを言葉や図，グラフなどに表し，それを活用しながら筋道立てて伝える力の育成を目指した。そして，こうした資質・能力を育てるために，ジグソー学習やディスカッション，付箋紙を用いたウェビングマップの作成などの実践を行った。

## 4　平成20（2008）年の学習指導要領実施期の研究

　平成20年3月に告示された中学校学習指導要領は，教育基本法改正（平成18年12月）や学校教育法改正（平成19年6月）を踏まえて改訂されたもので，「生きる力」の育成や，知識・技能の習得と思考力・判断力・表現力等の育成のバランスなどを重視していた。社会科の主な改訂点は，以下のとおりである。

　　○基礎的・基本的な知識，概念や技能の習得を重視した内容の改善
　　○社会参画，伝統や文化，宗教に関する学習の充実を重視した内容の改善
　　○言語活動の充実の観点から，社会的事象の意味，意義を解釈する学習や，
　　　事象の特色や事象間の関連を説明する学習により社会的な見方や考え方
　　　を養うことの重視

　平成19年度からの3年間は，「習得」「活用」「探究」という学習活動に即して資質・能力を育てる研究に取り組んだ。具体的には，課題解決学習における「単元を概観する」段階を習得的な学習とし，基礎的・基本的な知識を身に付けさせるために「テーマ学習」を導入した。また，「情報分析シート」を活用

**表3　平成20（2008）年の学習指導要領下における研究主題**　上段：全体 下段：社会科

| H19<br>〜H21 | 学びを生かし未来を拓く生徒の育成 ──身に付けた力を自ら活用していくための<br>　授業実践を通して──<br>諸資料に基づいて考察する力を身に付け社会的事象を公正に判断できる生徒の育成 |
|---|---|
| H22<br>〜H23 | 主体的に学び，互いに高め合う生徒の育成<br>自ら課題解決に取り組み，広い視野に立って社会的事象を考察できる生徒の育成 |
| H24<br>〜H25 | 教科の本質に迫る授業の創造Ⅰ<br>社会的事象の意味や意義の解釈を基に自分の考えを説明したり，論述したりでき<br>　る社会科の授業づくり |
| H26<br>〜H27 | 教科の本質に迫る授業の創造Ⅱ<br>「知る」から「わかる」社会科の授業づくり |
| H28<br>〜H29 | 強くしなやかに 創造する力の育成 ──問題解決を促す協働・創造学習──<br>社会的事象について試行錯誤しながら考え，持続可能な未来を思考する生徒の育成<br>社会的事象について試行錯誤しながら考え，持続可能な未来を構想する生徒の育成 |

して，収集する情報と収集の方法の見通しをもたせ，情報収集の技能を養おう
とした。次いで，「課題を追究する」段階を活用的な学習とし，根拠（資料）と
理由を明らかにしながら自分の考えを形成し論理的に説明する力を高めよう
と，「トゥールミンモデルによるワークシート」と「ジグソー学習」を取り入
れた。そして，「課題を解決する」段階を探究的な学習とし，ジグソー学習を
基に，複数の視点から自分の考えを見直すワークシートを活用して，社会的事
象を多面的・多角的に考察し，公正に判断する力を育成しようとした。

　ところで，平成21年4月，文部科学省は「国立大学附属学校の新たな活用方
策等について」を公表した。この中で「附属学校の存在意義（役割）の明確化」
を図るため，附属学校に，①先導的・実験的な取組を中長期的な視点から実施
し，関連する調査研究を推進する「拠点校」として国の教育政策の推進に寄与
すること，②地域の教育の「モデル校」として地域の教員の資質・能力の向
上，教育活動の一層の推進に寄与することを求めた。附属中学校は，これまで
も，毎年，公開研究会を行ったり，初任者研修等の教員研修を受け入れたりし
てきた。しかし，これを機に，県内の教育研究の推進役を担うことはもちろ
ん，県内の教育課題を踏まえた教科研究の推進，市町村教育委員会や学校の
要望に応じた研修の実施など，一層地域の「モデル校」としての役割を果たそ

うと努めることになった。そして，校内研修に外部からも参加できるようにしたり，公開研究会の授業研究をワークショップ型にしたりするなどの改革を行った。

　平成22・23年度は，自力で課題を追究・解決できる生徒の育成を目指し，次のような指導の工夫・改善に取り組んだ。1つめは，単元の概観の段階に作業的な学習を取り入れて基礎的・基本的な知識を習得させたり，身近な事例を活用して追究意欲を高めたりすることである。2つめは，追究する段階において，身に付けた知識や収集した情報を比較・関連付けることによって課題を多面的・多角的に追究し自己の考えを形成できるよう，「特性要因図（フィッシュボーン図）」を活用することである。そして3つめは，グループ内で一人一人が「特性要因図」を示しながら自己の考えを説明し，評価し合う活動を取り入れることである。こうした指導の工夫により，生徒は見方や考え方を広げ，説得力のある考えを形成できるようになった。そして，研究の成果は，平成24年3月に県教育委員会が刊行した『はばたく群馬の指導プラン』に生かされた。

　平成24年度からは，全体研究主題「教科の本質に迫る授業の創造」の下，自分の考えを説明したり論述したりできる授業づくりに2年間，「知る」から「わかる」授業づくりに2年間，取り組んだ。しかし，これらは，研究の基本となる考え方，目指す生徒像や手立てが年度ごとに更新され，実質的には単年度の研究であったと言える。まず24年度は，ツリー型，マトリクス型などの「考察のマイルストーンツール」を活用して，基礎的・基本的な知識や概念を基に社会的事象の解釈を深める指導に取り組んだ。また，定型文を活用して，自分の考えを分かりやすく伝えることを試みた。さらに，公民的資質の中核を意思決定力と捉え，意思決定課題を追究課題として単元の始めに設定したり，単元や各時間の最後に意思決定場面を位置付けたりした。つづく25年度は，意思決定力の育成に重点を置き，意思決定のための事実と価値を明らかにする指導と，論点を明示した意見交流により自己の考えを広げたり深めたりする指導の在り方を追究した。新たな研究主題を掲げた26年度は，社会的な見方や考え方を概念的な知識と捉え，単元を通して育てる社会的な見方や考え方と，

それを単位時間に具体化した低次な見方や考え方を明らかにし，前者を効果的に育てるための後者の指導順序の工夫を研究した。また，単位時間における発問の工夫にも取り組んだ。実践例として「アフリカでは鉱産資源が豊富に採れるのに経済的に貧しい国が多いのはなぜだろうか」「アフリカではなぜ現在でも民族紛争が起こるのだろうか」などの「発問」が紹介されているが，筆者は，これらは「学習課題」と考えている。27年度は，社会的な見方や考え方を，身に付けた知識や概念を基に社会的事象を解釈し説明できる力と，捉え直した。そして，知識や概念を比較したり関連付けたりして社会的事象を考察できる資質・能力と，自己の考えを吟味して分かりやすく説明できる資質・能力の育成を目指し，当事者意識をもたせる課題の設定や，図や表を活用して意見交流する場の設定を行っている。なお，この研究では，学習指導案に伸ばしたい資質・能力と，身に付けさせたい内容を明記するなど，『はばたく群馬の指導プラン』との結び付きを強化している。そして，研究の成果は，令和元年8月発行の『はばたく群馬の指導プランⅡ』に反映されている。

　学習指導要領の改訂が迫った平成28・29年度は，社会的事象に対する知的好奇心，社会的事象を多面的・多角的に考察し根拠に基づいて判断できる力，持続可能な未来を構想する力の育成を目指し，①思考ツールを活用した意見交流の場の設定，②当事者意識をもって社会的事象を考える問いの設定，③各学年の最初に単元「私たちが生きる現代社会と文化」や，単元「現代社会をとらえる見方や考え方」を位置付ける，という工夫を行った。なお，研究主題を「思考する」から「構想する」に変更した理由は，29年3月に告示された中学校学習指導要領社会において「構想」という用語が登場したため，と考えられる。

## 5 附属中学校社会科の研究の特色

　およそ30年間にわたる附属中学校の社会科研究を振り返ってみると，以下のような特色を有することが明らかになった。

　① 学習指導については，「課題解決学習」「課題解決的な学習」など，呼び

方に揺らぎはあるものの，一貫して，課題を設定し，仮説を立て，検証（追究）するという過程をたどる授業を大切にしている。30年の間には，課題や仮説の設定に必要な知識を習得させるために「単元の概観」の段階や「情報の収集」の段階を設定する，自己の考えを深めるために「思考ツール」や相互評価を取り入れるなど，多様な工夫が行われてきた。しかし，それらは，課題解決学習の枠組みの中での指導方法の工夫・改善であったと言える。

② しかし，課題解決学習の構想は，単位時間から単元へと，次第に単元全体を意識したものになってきている。そして，そこには，単元を貫く課題と各単位時間の課題との有意味で密接な関連をいかに図っていくかという課題が，育てたい資質・能力や身に付けさせたい社会的な見方や考え方と関わって残されていると考えられる。

③ また，課題の設定や仮説の設定に必要な知識を，どの段階で，どのように習得させるかという課題も，学習指導過程や指導時数と関連して残されている。

④ 資質・能力面に関しては，社会的事象を多面的・多角的に考察する力や公正に判断する力を，一貫して育てようとしている。そして，「公正に判断する」という語句が研究主題の後半に位置付いていることから，多面的・多角的に考察することや広い視野に立つことを，公正に判断するための前提，必要不可欠な条件の1つと考えていることがうかがえる。

⑤ また，平成20年代に入ると，根拠を明らかにして説明する力や自己の考えを筋道立てて伝える力など，言語活動の充実により表現力を養おうとする取組や，思考ツールの活用によって思考力を育もうとする取組に重点が置かれるようになってきている。

⑥ 態度面に目を向けると，「社会的事象に自己を投影する」「当事者意識をもつ」「意思決定する」などの語句で表現されているように，よりよい社会の実現，よりよい解決方法を考える態度の育成を一貫して目指してきていると言える。

⑦ 平成21年の文部科学省による「国立大学附属学校の新たな活用方策等について」の公表以来，附属中学校は，地域のモデル校としての役割を一層果たそうと，教育委員会との連携の強化や県内の教育課題を踏まえた研究の推進に努めている。そして，研究の成果は，『はばたく群馬の指導プラン』などに生かされている。しかし，息の長い研究は少なくなるとともに，理論よりも実践を重視する研究に変容しつつあると言える。

## 6 おわりに

平成時代の附属中学校社会科の研究動向を概観し，その特色を探ってきた。極めて乱暴な言い方であるが，その研究は，社会的事象を多面的・多角的に考察し公正に判断する生徒の育成を目指し，課題解決学習の枠内で，様々な手立てを駆使して授業の工夫・改善に取り組んできたもの，と言える。しかし，それは，「主体的・対話的で深い学び」の実現に向けた中学校社会科の授業づくりにとって，優れて参考になるものと考える。それは，課題解決学習そのものが「主体的・対話的で深い学び」に該当する授業の1形態であるし，研究に用いられた多くの手立てが生徒の「主体的・対話的で深い学び」を促す，と考えるからである。

研究紀要をできるだけ正確に読み，要約に努めたつもりではあるが，力不足であることや時間的な制約などから，解釈が誤っていたり，ポイントがずれていたりする部分も少なくないと認識している。また，各研究の記述も，指導方法の工夫とそのねらいだけの場合，研究の成果まで含む場合など統一感を欠いている。さらに，各時期の学習指導要領と研究内容との関連については，検討することができていない。

今後は附属中学校の研究紀要を読み込むとともに，研究内容を学習指導要領と関連付けて考察し，今後の群馬県の社会科教育実践への手がかりを明確に得られるようにしていきたい。

**参考文献**

群馬大学教育学部附属中学校 (1988 〜 2017)『研究紀要』第 35 集〜第 64 集.
文部科学省 (2008)『中学校学習指導要領解説　社会編』.
文部科学省 (2018)『中学校学習指導要領解説　総則編』.
文部省 (1989)『中学校指導書　社会編』.
文部省 (1999)『中学校学習指導要領解説　社会編』.

（黒﨑　至高）

# 4 社会科教師のあり方と力量形成
## ―群馬県の社会科教育の発展を期待して―

## 1 はじめに

　教育の質は最終的には教師の質によって規定されるものである。そのため教師に求められる資質・能力が多方面から提言され，教師の力量形成についての議論が活発になされている。近年では，教師に求められる資質・能力の一つとして，自律的に学ぶ姿勢を持ち，時代の変化や自らのキャリアステージに応じて求められる資質能力を生涯にわたって高めていく力があげられ，「学び続ける教師像」が重視されている。各都道府県では，教員養成協議会を設置して教員育成指標を策定し，教員のキャリアステージに応じて身に付ける資質・能力を明確化した上で，キャリアステージに応じた研修体制を整備することが進められている。

　教員の研修体制は，採用後の経験年数がステージ区分の重要な軸ではあり続けるが，それだけでは対応できず，広範囲で幅広い多様なスペシャリスト養成のキャリアステージが必要であり，スペシャリスト養成のキャリアステージは，教師の強みを伸ばす意欲を高め，学び続ける教員の育成に寄与することが期待されている（松宮2016）。スペシャリスト養成の中心は教科教育のスペシャリスト養成であり，社会科教育においては，キャリアステージに応じた社会科教師のあり方と力量形成が課題となる。佐藤（2016）は，キャリアステージ後半における社会科教師としてのあり方に特に大きな課題があるとし，大学院における研究的取組の重要性を指摘して，「研究的実践者から研究的視座を持った指導者へ」という視点を示した。

　大学院段階における教員養成については，国立教員養成系の修士課程に対

して「実践的な教育という観点からみて高度専門職業人養成の役割を果たしているとは言いがたい」,「個別分野の学問的知識・能力が重視され,学校現場での実践力・応用力等教職としての高度の専門性の育成が不十分になりがちである」という批判的見解がなされた。その反省から生まれた教職大学院の教育は,「研究者養成を目的としない」,「特定の研究課題について研究を行わせ,その成果をまとめさせる方法でない」,「研究指導を受けること及び論文,研究成果の審査への合格を必須としない」という特徴がある。このような高度専門職業人養成の視点は大事なことではあるが,一方では教科教育の軽視,研究活動の軽視という傾向も見られ,教科教育のスペシャリスト養成という観点からは課題があると言える。教職大学院での教育は,平成27年の中教審答申で「教育実践的要素を取り入れた教科指導力の向上を目指すコースの整備などにより,これまでの国立教員養成系の修士課程で受け入れてきた学生の受け皿となり得るようなしくみの構築が必要である」,「教科の専門性と実践的な教科指導力を育成する中で,修士課程が担ってきた研究的素養の涵養に配慮すべきであり,これにより高度専門職業人に必要な課題探求力を培うことが必要である」とされ,教科教育軽視・研究活動軽視の傾向について若干の軌道修正がなされている。

　本稿では,以上述べた問題意識に沿って,教科教育のスペシャリストとしての社会科教師のあり方と力量構成について論じるとともに,『社会科教育』(明治図書) への都道府県別執筆者の考察を通して群馬県の社会科教育研究の現状を指摘し,それを基に群馬県の社会科教育発展に向けた提言を行っていきたい。

## 2　社会科教師のあり方と力量形成

### (1) 社会科教育・社会科教師の現状と課題

　社会科教育の現状については,小学校基本3教科 (国,算,理) という言葉に代表されるような理数国を重視する国の学力向上政策とそれに伴う社会科を研究テーマにする学校の減少が指摘される。研究授業で社会科が敬遠され,

民間教育団体へ参加する若い教師が減少し，若い教師の社会科らしい授業の成立が難しくなっていると言われる。

　このような現状に対して，若い教師への実践力の継承が課題であるとし，「社会科を担う教師はいかにキャリアを形成しつつ実践力を継承していくか」，「社会科の実践を成り立たせる「教師の力」とは何か」，「それは如何なる場の中で育つのか」，「どのように次世代の教師を育て，時代を切り開く授業を作り上げていくのか」という問題意識のもとに日本社会科教育学会香川大会でシンポジウムが開催された。シンポジストからは，「地域の社会科教育研究の核となる大学院修了者の役割」（米田），「研究サークル活動の重要性」（小林），「モデルとなる優れた社会科実践者との出会い」（市川），「行政側からの支援」（大谷）が提起されたが，これらはいずれもこれからの社会科教育の充実に向けて重要な視点である。この議論は10年以上前のものであるが，学校教育において授業外のことに労力が割かれ，教科教育のウエイトが低下している現状から，社会科教育に関わる事態はより深刻化していると思われる。

## （2）群馬県における若手教師の社会科授業に対する指摘

　群馬県における若手教師の社会科授業に対して，「社会科の教え方が分からない・教えるのが最も難しいという声がある」，「社会科を軽視しがちである」，「子どもの願いを生かした単元構想力の不足」，「人が登場しない社会科授業」，「地域を知る教材研究への取り組みが弱い」，「中学校地理の授業の仕方が分からない」，「教科書・副読本を教えればよいという姿勢」という指摘がある。これらの指摘は1つの例に過ぎないが，社会科授業に苦戦する若手教師の実態を示しているものであろう。群馬県に限らず，社会科教育の発展・充実のためには，若い教師の実践力向上は欠かせないことである。中堅・ベテラン教師は，自分たちの実践・研究の充実とともに，それを若手に継承する必要がある。

## （3）望ましき社会科教師の心得7箇条 ─小学校社会科の実践者として─

　キャリアステージ前半の若手社会科教師の力量形成について，佐藤（2016）

は，上越教育大学社会科教育学会のシンポジウムでの発表をもとに，望ましき社会科教師の心得7箇条を示した。

① 研究的な実践を継続的に行う—研究授業を進んでやろう—

② 実践を整理・分析して発表する—積極的に実践を発表しよう—

③ 学び続け，基礎体力をつける—本・雑誌を読み，学会活動に参加しよう—

④ 自分の専門分野を確立する—大学院での学びを生かそう—

⑤ オリジナルな教材を開発する—現地取材をして教材をつくろう—

⑥ 研究サークルに参加する・つくる—共に研究する仲間をもとう—

⑦ よき指導者をもつ—恩師との関係を大切にしよう—

以上を一言で表せば，「研究的実践者であれ！」ということである。小学校教師であれば，社会科教師としての意識を持ち続ける信念が大事であり，右手にはその時々の仕事の力点があっても，左手にはいつも社会科をという姿勢をもつことである。また，実践者でいられる時期は長くない可能性もあり，40歳を1つの社会科実践者としてのゴールと見据える必要性も指摘した。

## (4) 社会科教師のキャリア形成と専門性

西村（2011）は，基底の層としての「人間・教師としての教養」，中層としての「現代社会認識としての専門的知識と教材研究・開発力」，上層としての「授業構想・実践力」の三層を意識し，社会科教育に関する理論と授業論を学ぶことで「研究的実践者」となるキャリア形成が望まれるとしている。また，大学院での学びを通して，「自己流の「実践者」から「創造的（研究的）実践者」として成長し，まわりの教員に理論と実践を結びつけた教科教育のあり方を指導できるようになっていく」とも述べている（西村2103）。これは研究的実践者として力量形成していく筋道を示したものである。

さらに佐藤（2016）は，教師のライフステージを考えた場合には，実践者と指導者とは分けて考える必要があることを指摘した。ライフステージ後半の社会科教師のキャリア形成について，教科のスペシャリストとして若手教師のモデルとなるような「研究的実践者」像の追求とともに若手教師の教育実践

の指導・支援が必要である。また，管理職・行政職へ転じた場合には，「研究的視座を持った指導者」として自らの研究の継続，学校経営と若手教師の教育実践の指導・支援を期待する。そして，教科のスペシャリストから学校経営へというキャリア形成を保証することも必要である。

## 3　群馬県の社会科教育研究の全国的位置付け

### （1）『社会科教育』誌における都道府県別執筆者とその考察

　群馬県の社会科教育は全国的に見るとどのような位置づけにあるのだろうか。1つの指標として『社会科教育』誌（明治図書）の執筆者数を取り上げて考察する。2012年4月号から2017年2月号までの5年間における小・中・高校教員の『社会科教育』執筆者を都道府県別にまとめると，1位は東京都で，のべ305人が執筆している（以下の人数はすべてのべ人数である）。2位は兵庫県で167人，3位は愛知県で132人，4位は広島県で111人，5位は大阪府で107人である。人口が多い都道府県が上位に並ぶが，兵庫県と広島県が2位と4位に入っていることが注目される。これは全国社会科教育学会の事務局が置かれる広島大学と社会系教科教育学会が置かれる兵庫教育大学の影響であると思われる。社会科教育に関する研究的な風土が形成されていることの現れであろう。

　以下は，6位神奈川県（105人），7位北海道（103人），8位新潟県（93人），9位香川県（92人），10位福岡県（84人）と続く。ここで特筆すべきは，人口に比して執筆者が多い新潟県と香川県である。新潟県には兵庫教育大学と同様に多くの現職教員が大学院で学ぶ上越教育大学があり，また新潟県には新潟県社会科研究会，香川県には香川県社会科研究会という歴史ある社会科研究会が存在している。広島県，兵庫県と同様に，新潟県と香川県にも社会科教育研究に取り組む風土が醸成されていると言えるであろう。1位の東京都も単に人口・教員数が多いということだけでなく，東京都社会科研究会や社会科を考える会などの研究会が組織されるなど社会科教育研究が盛んであり，日本社会科教育学会で東京都の指導主事・小学校教員が多くの研究発表を行っている

ことも大きいと思われる。

## (2) 『社会科教育』誌における群馬県関係の執筆者とその考察

　同時期における群馬県の小・中・高校教員『社会科教育』誌執筆者はのべ16人である。全国41位であり，群馬県より下位の県は，宮崎県，秋田県，長崎県，大分県，沖縄県，高知県の6県のみである。人口比でみると宮崎県，秋田県よりも下位となる。『社会科教育』誌への執筆者数だけが都道府県の社会科教育研究・実践への注目度ではないとしても低い数値であり，群馬県の社会科教育研究・実践は全国的に見て評価されているとは言えないであろう。管理職，行政職の執筆者はなく，附属小・中学校教員の執筆者は1人のみである。小学校9人，中学校6人で校種別の偏りは小さいという特徴がある。

　『社会科教育』誌への執筆はあくまでひとつの指標に過ぎないが，群馬県の社会科教育実践・実践者は全国的には注目されていない。また，群馬大学附属小・中学校の社会科教育実践・研究も全国的に注目されているとは言えない。このことは群馬県の社会科教育実践研究が不活発であり研究レベルが高くないことを示しているかといえば，決してそんなことはない。筆者は1986年4月から2013年3月まで27年間群馬県の公立小学校で勤務したが，社会科研究協議会で発表される実践は立派なものが多く，学ぶことが多くあった。また，『小学校社会科実践事例集』創刊号（2001），第2号（2006）に掲載された一つひとつの実践を見れば，筆者が小学校教師だったときに行った実践より質が高いものも多いように思われる。例えば，創刊号に集録されている大塚氏の実践はアクティブ・ラーニングの有力な手法として注目されるジグソー法を取り入れたもので，先進的な試みであったと評価できる実践である。

　群馬県の社会科教育実践・社会科教育研究はどうして注目されないのか。それは群馬県の先生方は子どもたちのために地道に実践を重ねているが，意識が校内，市町村内，県内に止まり，それを学会で発表したり論文にまとめたりする指向をもたないことにあると思われる。社会科に限らず群馬県の教育研究文化風土の特徴であろう。実践の充実を図り，そのことにより子どもたちの

学力を身に付け，よりよい成長を育むことは教育者・実践者として最も大切なことである。しかしそれだけで終わってはもったいないのではないかと思うのは筆者だけであろうか。筆者が現在勤務している兵庫県では，大学院で学んだ公立小・中・高等学校の先生が社会科教育関係の学会で積極的に発表している。そのような教育研究文化を群馬県にも根付かせたいというのが筆者の願いである。

## 4 群馬県の社会科教育の発展・充実のために

　教育現場が近年ますます忙しくなり，教師に求められることが増えている。GIGA スクール構想により一人一台のパソコン・タブレットが現実となり，授業のあり方も大きく変わろうとしている。働き方改革によって教師の働き方も今までと同じではなくなりつつある。そのような現状の中，社会科教育研究だけが教師にとって大事ではないことは十分承知した上で，群馬県の社会科教育発展・充実のために以下の5点について述べたい。

### （1）テーマを持った継続的な研究的実践を
　研究会があるから研究的に実践しようというのではなく，社会科を研究教科として決め，テーマを持った継続的な実践を行うことを期待したい。このことにはこだわりたいというテーマを持ち，長期的なスパンで実践研究の蓄積を図るようにしたい。研究的実践を蓄積することで社会科教師としての力量は大きく向上する。
　社会科の最新情報，全国的な研究動向に触れ，社会科の現代的な研究課題を踏まえて，研究的実践を行えるとさらによいと思われる。自身の実践の社会科教育研究上の価値を意味づけた研究的な実践を行いたい。そのためにまずできるのは，先行実践研究や理論的根拠・背景を確かめることである。前者については，論文検索サイト CiNii で自分の関心あるテーマの論文を調べることができる。また，社会科教育関係の学会への参加も考えるようにしたい。全国

の学会が学会員の高齢化や減少に悩まされる中，日本社会科教育学会は小・中・高校現場の若手教員を中心に学会員が大幅に増加していることが報告されている。

## (2) 附属小・中学校は全国に発信できる研究を

　群馬大学附属小・中学校の社会科教育研究について詳しく考察したわけではないが，附属小・中学校の研究は全国から注目されるものにはなってはいないように思われる。これは研究体制によるものであろう。学校全体の研究テーマを教科の中で具現化するのも大事なことだが，それを社会科教育研究としてのテーマ性を持った研究と結びつけられないだろうか。「……な児童の育成」を研究テーマに掲げた指導の工夫的な小さな研究ではなく，社会科教育研究の現代的課題を取り上げたり，社会科教育の理論と結び付くような「時代を切り開く社会科教育研究」を期待したい。これは (1) でも述べたように附属小・中学校に止まらないことであるが，附属小・中学校には特に期待したいことである。

　附属小・中学校は県内の若手教師が目指すモデルとなるような実践・研究に止まるのではなく，そこから突き抜けて社会科教育関係の学会で全国に発信・発表できるような実践研究を目指してほしい。2020年2月に行われた社会系教科教育学会の課題研究は「AI時代の社会科教育」が研究テーマであったが，お茶の水女子大学附属小学校，兵庫教育大学附属小学校，広島大学附属三原小学校の3名の先生が発表者として登壇し，先駆的な実践を発表されていた。これらは簡単なことではなく，また附属学校の社会貢献のあり方も先駆的な研究指定校と地域の公立学校のモデルに分かれ，群馬大学の附属学校は後者となったが，それでも附属小・中学校には実践・研究を全国に発信するという姿勢を期待したい。それは県内の社会科教育実践研究の質的向上に通じていくものである。

## （3）積極的に実践発表の機会を作って発信を

　授業実践研究の充実は，最終的には子どもたちの学力向上・よりよい成長のためであろうが，自分の教師人生を充実させることでもあり，教師人生をかけるという意味もある。自分の実践・研究の足跡が残ることはすばらしいことである。そして，発表した自分の実践が参考にされて他の教師の授業改善につながっていくことを考えると，実践を発表するということは大きな意味を持つ。質の高い実践を行おうとする意欲は，最終的には必ず子どもたちのためになる。自分の実践を公開して世に問うという姿勢も必要であろう。実践研究を続けることは力量形成の基盤である。

　群馬社会科教育学会が刊行している『群馬社会科教育研究』は研究的実践を発表できる場を提供しているものである。若い教師にぜひ群馬社会科教育学会に入っていただきたい。そして，実践を積極的に発表できるようにしたい。実践レポート検討会など社会科研究サークル的な活動も計画したい。群馬社会科教育学会は，植原（2020）が述べたように群馬県で社会科教育（社会系教科含む）に研究的に取り組みたい先生方の「専門職共同体」的な役割を果たし，群馬県の社会科教育の発展・充実に寄与していきたいと考えている。

## （4）研究を大切にし，評価する教育風土を

　研究的実践を続けるモチベーションを保てるような環境が必要である。研究を大切にし，研究活動していることを評価することが重要である。それがないと，研究的実践は続かず，実践埋没型の教師になってしまう。県が実施する人事評価制度では「教科指導力」「生徒指導力」「学校経営への貢献度」が求められる。それに加えて研究的な取組も考慮することを望みたい。

　研究活動は，子どもとの関係を構築してクラスが安定し，授業規律が定着して授業が軌道に乗り，校務分掌や事務仕事をきちんとこなした上で取り組もうと思えるものである。研究的活動に取り組めるように他の仕事をきちんとやっていることを評価すべきであろう。研究に熱心に取り組む教師は，まさに「学び続ける教師像」そのものなのである。学会や民間教育団体で活躍してい

る教師を勝手なことをやっていると見るのではなく，意欲的に研究活動に取り組んでいると見てほしい。そのためにも学校の仕事をしっかりやる必要があることは言うまでもない。

### (5) 管理職になっても社会科教育研究を

　管理職の先生には，学校経営・学校運営の研究を行うとともに，専門教科の研究を継続的に行うことを期待したい。管理職の先生が校内研究サークルを主宰するくらいになってほしい。

　筆者の大学院時代の同級生や教育サークルの仲間の多くは管理職となっているが，研究活動を続けている者も少なくない。また，自分の研究を生かした学校経営・学校運営，校内研修を行っている者も多い。大学院を修了した教師，研究活動に力を入れてきた教師が管理職となり，研究することを評価し，若手教師の研究をサポートするような群馬県の教育風土を作ってほしいと思う。

## 5　おわりに

　群馬社会科教育学会の会員は，社会科教育の実践研究に意義を感じて研究的な実践に取り組んでいる教師であろう。そのような姿勢を持つようになった理由は様々であろうが，学部課程や修士課程で社会科教育の研究に取り組んだことが大きな契機になっている方も多いと思われる。しかし，教職大学院は若干の軌道修正はあるにしても教科教育のスペシャリスト養成を目指していない。大学院の修士課程だけが教科教育研究への意識を高めるものではないが，現職教員の大学院での学びが大学院修士課程から教職大学院へシフトすることで教科教育の研究が停滞し，教科教育の研究的実践者として力量を高めていく道が細っていくことを危惧している。

　そのような現状の中で社会科教師としての専門性を磨き，力量を高めていくためには，自分は社会科教師として力量を高めていくという姿勢を持ち続

けることが最も重要なことである。そのためには，教師のキャリアステージの前半は研究的実践者を目指して実践研究に取り組むことが必要であり，キャリアステージの後半では若手教師のモデルとなるような「研究的実践者」像の追求と「研究的視座を持った指導者」として若手教師の教育実践の指導・支援が求められる。

　研究的実践者，研究的視座を持った指導者としての力量を高めていくには，地域の教育研究風土と教科教育実践研究に取り組める環境・場（ステージ）が必要である。群馬県の社会科教育研究の現状を見ると，実践教育研究に真摯に取り組む社会科教師，力量の高い社会科教師が多くいるが，切磋琢磨して実践の質を高め合っていく環境や研究実践を発表し発信する場が十分ではなく，研究実践に取り組むことを大切にし評価する教育文化の風土が醸成されていないと感じている。群馬社会科教育学会も山口幸男会長がそのような群馬県の社会科教育研究の状況を鑑み，設立したものであろう。筆者も微力ではあるが群馬社会科教育学会の活動の充実を通して社会科教師の力量形成に関わり，群馬県の社会科教育の発展・充実に尽力していきたいと考えている。

## 参考文献

植原督詞（2020）「新任社会科教師は，どのような支援を求めるか？　―「洗い流し」に対峙する　新任教師の困難と「専門職共同体」の必要性―」『群馬社会科教育研究』第8号，pp.38-43.

大塚一彦（2001）「共に学び合う児童の育成～ジグソー学習の活用～「新しい日本の出発」」，群馬県小中学校教育研究会小学校社会科部会『小学校社会科実践事例集』創刊号，pp.116-121.

群馬県小中学校教育研究会小学校社会科部会（2001）『小学校社会科実践事例集』創刊号.

群馬県小中学校教育研究会小学校社会科部会（2006）『小学校社会科実践事例集』第2号.

佐藤浩樹（2016）「ライフステージに応じた小学校社会科教師の力量形成に関する研究―研究的実践者から研究的視座を持った指導者へ―」『群馬社会科教育研究』第4号，pp.12-20.

西村公孝（2011）「教職大学院における教材開発と実践を活用した社会科教師の専

門性─裁判員制度の導入に対応した教科書教材開発を事例として─」『社会科教育研究』No.114, pp.103-115.

西村公孝 (2013)「大学院を活用した社会系教員のキャリア発達課題に関する研究─「理論と実践の統合」課題にどのように取り組んでいるか─」日本社会科教育学会第63回大会 (山形大会) 発表資料, pp.1-16.

日本社会科教育学会 (2012)「第61回研究大会　課題研究⑤「社会科の授業力を育てる」報告」『社会科教育研究』No.115, p.144.

文部科学省：教員の資質能力向上に関わる当面の改善方策の実施に向けた協力者会議 (2013)『大学院段階の教員養成の改革と充実について』.

文部科学省：中央教育審議会 (2006)「今後の教員養成・免許制度の在り方について (答申)」.

松宮功 (2016)「教員の資質向上に係る新たな体制の構築」『SYNAPSE』vol.54, pp.27-29.

山口幸男 (2007)「群馬大学大学院教育学研究科院生における高度専門職能力の形成」『群馬大学教科教育学研究』第6号, pp.71-78.

（佐藤　浩樹）

# 5 群馬社会科教育学会
設立10周年にあたって

## 1 設立準備委員会と学会発足

　群馬社会科教育学会は2013（平成25）年3月の第1回大会（2012年度）におい
て発足し，2022年（令和4年度，2021年度）に設立10年目となる。本章では，設
立10周年にあたって，群馬社会科教育学会の概要を整理して述べてみたい。

　設立準備委員会は2012（平成24）年5月の第1回から，約10か月間に，計7回
開催され，学会発足に向けての周到な準備が行われた。委員は，山口幸男（委
員長），黒﨑至高，原口美貴子，佐藤浩樹，野中友華，日下部和広，谷田部喜
博，小林偵，飯塚（現，河合）視帆の9人である。また，27人の方に設立発起人
になっていただいた。2012年9月に入会案内を発送した。入会案内のパンフ
レットは原口先生作成のものである（**資料1**）。そこには，本学会設立の趣旨が
「私どもは，このたび，「群馬社会科教育学会」を設立することとし，今，その
準備を進めているところです。群馬県には社会科教育等の理論・実践について
専門的に研究・実践する学会はありませんでした。そこで，本学会を立ち上
げ，群馬県における社会科教育等の充実・発展に寄与し，その成果を県内外に
発信していきたいと思っています。」と力強く記されている。設立発起人27人
のお名前も記してある。最初，入会申込み者は多くはなく，再度，入会案内を
発送した結果，学会発足時（第1回大会時）には40人となった。この40人の方々
が発足時会員であり，その氏名は『群馬社会科教育研究』第2号（2014.1）に掲
載してある。これら，設立準備委員，設立発起人，発足時会員の皆様方のご協
力によって本学会は発足することできた。ここに深く感謝申し上げたいと思
います。

## 資料1 「群馬社会科教育学会」入会案内パンフレット

### 設立の趣旨

私どもは、このたび「群馬社会科教育学会」を設立することとし、今、その準備を進めているところです。

群馬県には、社会科教育等の理論・実践について専門的に研究・実践する学会はありませんでした。

そこで、本学会を立ち上げ、群馬県における社会科教育等の充実・発展に寄与し、その成果を県内外に発信していきたいと思っています。

正式には、来年（平成25年）2-3月に計画している総会・大会において発足する予定です。

群馬社会科教育学会の概要等をこのご案内に記してあります。

是非、ご入会くださいますようお願い申しあげます。

平成24年9月

「群馬社会科教育学会」
設立準備委員会委員長 及び
「群馬社会科教育学会」
設立発起人代表

山口幸男（群馬大学名誉教授）

■　■　■

### 「群馬社会科教育学会」
### 設立・入会のご案内

群馬初！
社会科教育を理論的・実践的に学べる
学術団体が平成25年春に発足します

ネイティブ・アメリカンのシンボルである「馬」。
大地の力と風の叡智の輝きを結びつける象徴です。
"風土を学び、風土で学ぶ"
社会科教育の叡智を集め、ここ「群馬」から発信していきます。

群馬社会科教育学会設立準備委員会

「群馬社会科教育学会」
設立準備委員会

## 資料2　群馬社会科教育学会設立大会の新聞記事　（読売新聞）

# 社会科教育の
# 質向上目指す

## 高崎で学会設立大会

本県の社会科教育の質の向上を目指す「群馬社会科教育学会」が3日発足し、高崎市末広町の市総合福祉センターで設立大会を開いた。会長には山口幸男群馬大名誉教授が就任。小中学校の教員を中心に40人が会員に登録した。

約30人の会員が出席した大会で、小中学校の教員4人が事例を発表した。同大出身の志賀洋子教諭（福島・南相馬上真野小）は、米作り再開に向けた農家の取り組みを調べたり、米作りと地域社会の関わりを考える、5年生の授業を紹介。「被災地域では特に、社会科が担う役割は大きい」と話した。

社会科教育の課題を考えた
設立大会

第1回大会（設立大会）は2013年3月3日（日），高崎市総合福祉センターにて開催され，予想を上回る30人の参加があり，新聞でも報道された（**資料2**）。大会参加人数はこの時が最多で，以後は，10〜20人程度で推移している。


## 2 役員

役員は，会長，副会長，幹事長，幹事とし，任期は2年，再任は妨げない。現役員の氏名は下記である。各幹事は，編集，大会，例会，広報（ホームページ等）の通常業務（委員）を分担している。幹事会は年3〜4回，開催している。

| | | |
|---|---|---|
| 会長 | 山口幸男 | 2012年度（平成24年度）〜現在 |
| 副会長 | 黒﨑至高 | 2012年度（平成24年度）〜現在 |
| | 原口美貴子 | 2012年度（平成24年度）〜現在 |
| 幹事長 | 佐藤浩樹 | 2012年度（平成24年度）〜現在 |
| 幹事 | 植原督詞 | 2020年度（令和2年度）〜現在 |
| | 大崎賢 | 2014年度（平成26年度）〜現在 |
| | 木村秀雄 | 2014年度（平成26年度）〜現在 |
| | 日下部和広 | 2012年度（平成24年度）〜現在 |
| | 小林禎 | 2012年度（平成24年度）〜現在 |
| | 野中友華 | 2012年度（平成24年度）〜現在 |
| | 谷田部喜博 | 2012年度（平成24年度）〜現在 |

（幹事は五十音順）

| | | |
|---|---|---|
| 元幹事 | 河合（旧姓，飯塚）視帆 | 2012年度（平成24年度）〜2017年度（平成29年度） |
| | 山口一彦 | 2016年度（平成28年度）・2017年度（平成29年度） |

若干の変動はあったものの，大部分の役員はずっと継続している。年齢もだんだんと進み，各幹事の本務自体が重責化し，学会活動に割く時間が少なくなる中で，幹事長をはじめ各幹事が従来にもまして積極的に学会運営に携わってくれていることが本学会の強みであり，ここに役員諸氏に深く感謝の意を表し

たい。最近，若手の植原先生が幹事になられたことも特記しておきたいと思う。

## 3 学会活動

　学会活動は年1回の大会開催（現在第11回），年1冊の学会誌『群馬社会科教育研究』の刊行（現在10号）である。2014（平成26）年からは，例会（年1回，現在第5回）が加わり，大会，例会，学会誌刊行が学会活動の3本柱となっている。

　この10年間に大会は11回，例会は5回を数え，学会誌『群馬社会科教育研究』は10冊刊行された。また，特記しておきたいことは，通常の活動以外に，2019（令和元）年8月に特別冊子『小・中学校社会科における「群馬県学習」のカリキュラム開発に関する研究』（全223頁，群馬社会科教育学会編・発行）を発行したこと，また，待望の単行本『社会科教育と群馬』（山口・佐藤・植原・群馬社会科教育学会編）として本書を2022年秋に出版したことである。

　これらの精力的な活動からみて，本学会は群馬の社会科教育の発展に対して少なからぬ貢献をすることができたのではないかと思っている。

　なお，大会開催にあたっては，講演者，発表者，講師紹介，講師探索等に関して，会員以外の方々にご協力をお願いすることも少なくなかった。それら諸先生方に深く感謝申し上げます。

## 4 会員動向

　発足時会員は40人であった。現在（2022年2月）は約50人であり，増えたとはいえ，微々たる増加である。群馬県の実状，本学会の実力からすると，50〜70人程度が妥当な人数かも知れない。とりあえずは60人を目標に努力したい。とはいっても，簡単な努力では難しく，会員の皆様の積極的なご協力をお願いする次第である。

　会員の多くは群馬県居住者，あるいは群馬県関係者であるが，北海道，福

島，東京，岡山等の会員もおり，全国的な広がりを持っている。

　賛助会員の日本郷土かるた協会と帝国書院にはご支援をいただき，群馬教育振興会からの助成も受けている。これら3団体には，心より感謝申し上げます。

## ┃ 5　広報活動

　学会誌は，図書館，出版社，大学，附属学校，教育委員会，新聞社等，約30の関係機関に寄贈している。ホームページでは，活動予告，活動結果等の情報をできるだけ早くアップするように心がけている。会員一人一人が，それぞれの立場で地道な広報活動を行っていくことが大切であり，その積み重ねが本学会の存在と価値を全国的に広めていくことになると思われる。たとえば私は，明治図書の雑誌『社会科教育』の中の「各県の社会科教育の動向」に関する記事を何回か執筆してきたが，必ず「群馬社会科教育学会」の動向を紹介するようにしている。

## ┃ 6　おわりに

　群馬県においては，社会科教育の理論・実践について自由に議論し合い，研究し合い，お互いを高めていく場がほとんどなかった。本学会はその場となるために設立されたものである。小規模な学会ではあるが，上記活動実績等からわかるように，その役割を十分に果たし，設立趣旨を着実に実現してきていると思う。このような場は，今後ますます重要になっていくであろう。活動の原動力となっているのは，役員並びに会員諸氏の社会科教育及び群馬県に対する情熱である。この情熱がある限り，本学会は，これからの10年間において一層発展していくであろう。最後に，役員，会員諸氏，賛助会員，支援者，協力者の皆様に，会長として，再度感謝御礼を申し上げたいと思います。

（山口　幸男）

# 6 群馬社会科教育学会 10年間の研究動向

## 1 はじめに

　群馬社会科教育学会が設立10周年を迎える。小さな学会であるが，会員の皆さんの協力を得て10年間活動を継続することができた。本学会は，群馬県を基盤として社会科教育（地歴科，公民科を含む），郷土教育，関連領域教育等の充実・発展に寄与するとともに，その成果を県内外に発信することを目的としているが，この目的を少しでも実現させるために様々な活動に取り組んできた10年間であった。本稿では，群馬社会科教育学会の10年間の活動を振り返り，その研究動向をまとめたい。群馬社会科教育学会は，研究大会の開催，例会の開催，『群馬社会科教育研究』の発行の3つを中心に活動を展開しており，以下それぞれの活動についてその概要と特色を考察していく。

## 2 研究大会を振り返って

　群馬社会科教育学会は，平成25年3月に第1回大会（設立大会）を実施して以来，原則毎年1回研究大会を実施している。研究大会の開催日，会場，テーマは以下の通りである。

　　第1回大会（日時：平成25年3月3日（日）　会場：高崎市総合福祉センター）
　　　テーマ「新学習指導要領社会科教育の実践と課題」
　　第2回大会（日時：平成26年3月2日（日）　会場：高崎市総合福祉センター）
　　　テーマ「社会科教育と信仰・宗教」
　　第3回大会（日時：平成27年2月28日（土）　会場：高崎市総合福祉センター）

テーマ「社会科教育・郷土学習と世界遺産学習」

　第4回大会（日時：平成28年2月27日（土）　会場：高崎市総合福祉センター）

　　テーマ「社会科学習における小学校・中学校の系統性・一貫性」

　第5回大会（日時：平成29年2月26日（日）　会場：高崎市総合福祉センター）

　　テーマ「群馬県の社会科教育のあり方」

　第6回大会（日時：平成30年2月24日（土）　会場：高崎市総合福祉センター）

　　テーマ「社会科新学習指導要領の実践的・理論的検討」

　第7回大会（日時：平成31年2月23日（土）　会場：高崎市総合福祉センター）

　　テーマ「群馬県における人口・人口問題と社会科教育」

　第8回大会（日時：令和2年8月29日（土）　会場：群馬県総合公社ビル）

　　テーマ「社会科教育におけるカリキュラムマネジメントとカリキュラム開発」

　第9回大会（日時：令和3年8月28日（土）　　オンライン開催）

　　テーマ「群馬県における社会科教育及び郷土かるたの動向と今後の方向性」

　第10回大会（日時：令和4年2月26日（土）　　オンライン開催）

　　テーマ「群馬県の社会科教育の発展を目指して」

　第11回大会（日時：令和4年8月27日（土）　会場：高崎市総合福祉センター）

　　テーマ「群馬の文化，近代化の特徴と社会科教育への期待」

　11回の大会テーマを振り返ると，大きく3つの内容に分類できる。第1は，社会科新学習指導要領に関わるテーマである。新学習指導要領に関しては，例会においても一度取り上げている（第4回例会）。テーマをみると，新学習指導要領の考え方や内容について批判的検討をするとともに学習指導要領のあり方を実践を通して検証する姿勢が見られる。新学習指導要領に基づく質の高い実践を創出することは重要なことであるが，それだけに止まらず学習指導要領はどうあるべきか検討し，それを社会科教育実践の充実につなげていく視点を持つことが大切であることを示している。

　第2は，「宗教」，「世界遺産」，「人口・人口問題」，「郷土かるた」「文化・近代化」など，社会科の具体的内容に関わるテーマである。近年の学会の研究大会は，資質・能力などコンピテンシーを重視したテーマやICT活用など教育

方法を取り上げたテーマ，現代的諸課題を取り上げたテーマが多く見られるが，本学会の大会テーマは現代社会との関わりで社会科の内容を取り上げたものが多いことが特徴である。系統性やカリキュラム開発を取り上げたテーマであっても具体的な教科内容と関連させて検討している。また，群馬県と関連させてテーマを設定していることが多いのも特徴であり，地元群馬を大切にした群馬に根差した社会科教育学会であるといえる。

　第3は，群馬県の社会科教育に関わるテーマである。すでに述べたように，すべての大会テーマは群馬県の社会科教育の充実・発展に寄与するという本学会の目的に通じるものであるが，特に第5回，第9回，第10回大会ではそれを前面に掲げたテーマを設定して議論を行った。これは，社会科教育の新しい流れに対応しつつ，群馬県の社会科教育の充実・発展に寄与する群馬県の社会科教育学会であるという本学会の姿勢を表しているといえるであろう。


## 3 例会を振り返って

　例会は，社会科教育の実践や研究を気楽に発表できる場を設けたいという趣旨で，平成26年から毎年1回8月後半に開催してきた。令和元年以降は例年2月に開催してきた大会をコロナ禍により8月に延期して開催したりしたため，例会は開催していない。令和4年度以降は，コロナ禍が収まることを期待し，8月と2月に大会と例会を開催するというスケジュールに戻していきたい。過去5回の例会の概要は以下の通りである。

　第1回例会　平成26年8月30日（土）
　　自由研究発表3本
　第2回例会　平成27年8月29日（土）
　　自由研究発表2本　合評会（佐島群巳・次山信男著『社会科教育への12の提言』）
　第3回例会　平成28年8月27日（土）
　　自由研究発表4本
　第4回例会　平成29年8月26日（土）

自由研究発表3本　　「社会科新学習指導要領の検討」　話題提供3本

第5回例会　平成30年8月25日（土）

　　自由研究発表6本

　自由研究発表は多くの会員により多様な内容の発表が行われ，その発表内容の多くは『群馬社会科教育研究』に論文や短報として掲載されている。

　学会で研究発表を行うことは，群馬社会科教育学会という地方の小さな学会でもハードルが高いと思われる。気楽に実践を発表できる場として例会を設けてきたが，社会科授業・社会科教育研究に本気で取り組みたい先生，特に若い先生が気軽に参加して社会科授業実践を報告し，社会科授業について語り合って学び合う場を作りたいと考えている。

## ▌4　『群馬社会科教育研究』を振り返って

　『群馬社会科教育研究』（Gunma Social Studies Education）は本学会の機関誌である。2013年3月に第1号を発刊して以来毎年1冊発行し，現在第10号（2022.1）が最新号である。第10号までに収録された論文，短報，報告，書評の合計本数は論文38編，短報29編，報告1編，書評19編である。平均すると，毎号，論文4編，短報3編，書評2編程度を掲載しており，小さな学会であるが多くの論考が発表されている。毎日の授業や仕事をこなしながら論文や短報をまとめるのは容易なことではなく，投稿された会員の努力に改めて敬意を表したい。研究的に取り組んだ実践の成果を論文・短報にまとめて発表することは，子どもたちに質の高い授業を保証し，自身の授業に関する力量を高めるとともに，読者の授業改善の参考となって授業の質的向上を広げることにつながるもので，その意義は大きい。『群馬社会科教育研究』は会員が実践研究を発表するステージであり，今後も本学会の中核として発行を継続していきたい。

　論文と短報の傾向をみると，小学校社会科授業に関するものが13編，中学校社会科授業に関するものが13編，高等学校地歴科・公民科授業に関するも

のが2編，大学授業に関するものが21編，群馬県を中心とした教材開発関係のものが13編，社会科教育のあり方等に関するものが11編，現地報告が3編となっている。これらは厳密に区別できるものではないが，小・中学校の社会科授業実践や教材開発に関する論文・短報が中心であり，大学の授業実践や社会科のあり方や理論に関わる研究もかなり多く発表されている。

　内容的に見ると，地理学習に関する内容，宗教学習に関する内容，地域学習に関する内容が多くなっている。これは，本学会の会長である山口幸男先生の研究分野・研究内容との関わりを反映したものであり，本学会の大会テーマ設定や研究プロジェクトの影響もあると思われる。本誌は，広く社会科教育（地歴科，公民科を含む），郷土教育，関連領域教育に関わる論文，短報，書評を受け入れているので，積極的な投稿をお願いしたい。

　第4号から裏表紙に群馬県における社会科授業の教材化のヒントとなる「社会科ファイル」を写真と解説文で掲載している。幹事が持ち回りで担当し，第10号までに「楫取素彦と藤岡」「前橋市に学んだ鈴木貫太郎」「前橋市の絹遺産」「旧中島家住宅」「再現劇「王の儀式」」「日本マラソン発祥の地　安中」「前原悠一郎と従業員教育」の7つの内容が掲載され，群馬県の社会科授業づくりのヒントとして活用されることが期待されている。

## 5 『小・中学校社会科における「群馬県学習」の カリキュラム開発に関する研究』の発刊

　群馬社会科教育学会10年間の活動で特筆すべきは，『小・中学校社会科における「群馬県学習」のカリキュラム開発に関する研究』（2019.8）の発刊である。群馬社会科教育学会では，わが国の社会科カリキュラムにおいて，自県学習の充実が課題であるという問題意識を持ち，「小・中学校社会科における「群馬県学習」のカリキュラム開発」に関するプロジェクトを立ち上げ，その研究成果を計223頁の冊子にまとめた。第1部「提案編」，第2部「理論・基礎研究編」，第3部「授業実践・授業プラン編」，第4部「教材資料編」の4部から構成され，合計38編の論考が収録されている。群馬社会科教育学会が総力を挙

げて編集した研究冊子である本書は，個々の論考には精粗深浅があり，研究としての不十分なところもあるが，小・中学校社会科における自県学習のカリキュラム開発はわが国初の試みであり，大きな意義を持つものであると自負している。

　研究内容の概要は，日本社会科教育学会第67回研究大会 (2017.9) 及び全国地理教育学会第13回研究大会 (2019.11) で発表されるとともに，『群馬社会科教育研究』第6号 (2018.1) 及び『群馬文化』338号 (2019.12) に投稿された。「「群馬県学習」のカリキュラム開発」の研究は学会でも注目され，全国地理教育学会第15回大会シンポジウム「地域学習の新たな展開」(2021.11) において，「自県学習の意義と課題」の発表の中で群馬県学習のカリキュラムが取り上げられた。

## | 6　おわりに

　以上，研究大会，例会，『群馬社会科教育研究』及び『小・中学校社会科における「群馬県学習」のカリキュラム開発に関する研究』の活動・内容を振り返り，その特色を考察することで群馬社会科教育学会の10年間研究動向をまとめた。群馬という一地方の社会科教育学会であるが，着実に研究を積み重ね，群馬県の社会科教育の発展に寄与し，全国へ向けて提案・発信することができたと感じている。その成果を令和4年秋に，本書，山口幸男・佐藤浩樹・植原督詞・群馬社会科教育学会編『社会科教育と群馬』としてまとめた。これからも，群馬に基盤を置いた社会科教育学会として実践・研究を深めていきたい。

（佐藤　浩樹）

## 付記 『群馬社会科教育研究』（第1号〜第10号）総目次

## 第3号 (2015.1)

### 【論文】

社会科教育における宗教学習のあり方——「日本の宗教」という視座—————————————————— 山口　幸男

小学校第6学年社会科における文化遺産を活用した授業開発 —————————————————————— 菊地　達夫

社会科教育における宗教——中学校教科書の記述の検討を通して——————————————————— 小林　槇

世界の産業遺産と富岡製糸場——グローカルな教材化を目指して——————————————————— 木村　秀雄

日本の諸地域学習のあり方についての一考察——基本的特色と中核的特色による内容構成——————— 日下部和広

### 【書評】

エフエム群馬・公益財団法人群馬県教育文化事業団『I Love Gunma feat. Jomo Karuta』————————— 原口美貴子

放射線等に関する副読本作成委員会編『知っておきたい放射線のこと』 ———————————————— 多田　統一

## 第4号 (2016.1)

### 【論文】

日本の宗教に関する地理教材資料の開発 ———————————————————————————————— 山口　幸男

ライフステージに応じた小学校社会科教師の力量形成に関する研究
　　——研究的実践者から研究的視座を持った指導者へ——————————————————————— 佐藤　浩樹

中学校社会科公民的分野における宗教学習の実践
　　——日本人の宗教・日本人の宗教観を視点として——————————————————————— 日下部和広

中学校地理的分野「日本の諸地域」の学習における導入の工夫
　　——群馬県の学習の導入として——————————————————————————————— 小林　槇

### 【短報】

小学校教科専門科目「社会」における博物館授業の実践と効果
　　——アイヌ文化資料の活用を中心として——————————————————————————— 菊地　達夫

動態的地誌による日本の諸地域「九州地方」の単元構成
　　——環境モデル都市の3都市に着目して——————————————————————————— 齋藤　誠一

中学校地理的分野における日本の諸地域「東北地方」の授業実践事例
　　——"願い"を中心において——————————————————————————————————— 木本　洋帆

北方領土を訪問して ——————————————————————————————————————————— 山口　一彦

### 【書評】

読売新聞前橋支局『上毛かるた考』———————————————————————————————————— 原口美貴子

久保田順一・中野俊之『真田道を歩く』—————————————————————————————————— 木村　秀雄

### 【社会科ファイル】

「楫取素彦と藤岡」————————————————————————————————————————————— 野中　友華

## 第5号記念号 (2017.1)

### 【論文】

地歴連携の原理と地誌学習における歴史的背景の扱い方の定式化
　　——中学校地理的分野の「東北地方」と「南アメリカ」の学習を事例として——————————— 山口　幸男

韓国の小学校社会科地図帳の特色に関する考察——日本の地図帳と比較しながら——————————— 今井　英文

群馬県における仏教寺院の分布と歴史地理的考察——地域教材の資料として——————————————— 内田　均

宗教を視点とした中学校社会科の授業実践——「平安遷都」と「EUの民族」を例として——————— 日下部和広

道徳科との関連を考慮した小学校社会科授業
　　——4学年「豊かな自然を守る人々」の授業実践を通して————————————————————— 小林　槇

世界遺産（富岡製糸場）を使った授業づくり——小学校4年社会科での授業案を通して——————————— 木村　秀雄

### 【短報】

保育者・教員養成課程における18歳選挙権を考える授業の工夫とその効果
　　——日本国憲法の新聞活用の授業を通して——————————————————————————— 菊地　達夫

10周年記念企画

【論考】

【近況報告】

【『群馬社会科教育研究』総目次】 ——————————————————— 編集委員会

【社会科ファイル】

（群馬社会科教育学会編集委員会作成）

# あ と が き

　群馬社会科教育学会は，会員約50名の小さな学会である。本学会は山口幸男会長を中心として2013年3月に設立され，少しずつであるが会員を増やし，近年は若手の先生の入会も見られるようになっている。会員は小学校教員から大学教員まで幅広く，各自が研究テーマを持って研究・実践を積み重ねている。研究・実践の基盤を群馬においていることが本学会の特徴である。設立から10年がたち，教育委員会に入ったり，管理職になったりする会員も増えてきたが，それでも社会科教育に関わろうとする姿勢をもって学会活動を継続している。

　本書は会員の先生方がそれぞれに問題意識をもって実践・研究に取り組んだ成果をまとめたものである。一つ一つは小さな実践・研究であるが，それぞれの論考に主張・提案性があり，これからの社会科教育のあり方や実践に示唆を与えるものになっている。本書には群馬社会科教育学会の設立から10年間の歩みも掲載している。

　本学会の取り組みが刺激となって，全国各地において地域に根差した社会科教育の研究・実践が推進されていくことを期待したい。

　2022（令和4）年10月

群馬社会科教育学会幹事長

佐藤　浩樹

# 執筆者紹介

(五十音順)

今井　英文（いまい　ひでふみ）　山陽学園大学（非常勤）　　　　第2部6を執筆

加藤ゆかり（かとう　ゆかり）　群馬県立伊勢崎商業高等学校　　　第2部8を執筆

河合　視帆（旧姓　飯塚）（かわい　みほ）　　群馬県立聾学校　　第2部2を執筆

菊地　達夫（きくち　たつお）　北翔大学　　　　　　　　　　　　第2部3を執筆

木村　秀雄（きむら　ひでお）　群馬県教育 DX スタッフ，大泉町小学校担当

　　　　　　　　　　　　　　　　　　　　　　　　　　　　　　第3部1を執筆

日下部和広（くさかべ　かずひろ）群馬県前橋市立南橘中学校　　　第2部4を執筆

黒﨑　至高（くろさき　よしたか）群馬県前橋市立岩神小学校　　　第3部3を執筆

小林　　禎（こばやし　ただし）　群馬県高崎市立堤ヶ丘小学校　　第2部1を執筆

須永　博紀（すなが　ひろのり）　群馬県桐生市立清流中学校　　　第2部5を執筆

原口美貴子（はらぐち　みきこ）　群馬大学・白鷗大学・育英大学（非常勤）

　　　　　　　　　　　　　　　　　　　　　　　　　　　　　　第3部2を執筆

谷田部喜博（やたべ　よしひろ）　群馬県桐生市教育委員会　　　　第2部5を執筆

## 編者紹介

**山口　幸男**（やまぐち　ゆきお）　はしがき，第1部4，第3部5を執筆

　群馬大学名誉教授。1946年12月茨城県生まれ。東京学芸大学大学院教育学研究科修士課程社会科教育専攻（地理学）修了。主著『社会科地理教育論』（古今書院 2002），『地理思想と地理教育論』（学文社 2009），『地理教育の本質—日本の主体的社会科地理教育論を目指して—』（古今書院 2022）。

**佐藤　浩樹**（さとう　ひろき）　第1部2，第3部4，6，あとがきを執筆

　神戸女子大学文学部教育学科教授。1963年2月群馬県生まれ。上越教育大学大学院学校教育専攻社会系コース修了。主著『小学校社会科カリキュラムの新構想』（学文社 2019），『地域の未来を考え提案する社会科学習』（学芸図書 2006），『テキスト初等社会科』（編著，学文社 2019）。

**植原　督詞**（うえはら　あつし）　第1部3，第2部7を執筆

　伊勢崎市立四ツ葉学園中等教育学校教諭。1995年3月群馬県生まれ。筑波大学大学院教育研究科教科教育専攻社会科教育コース修了。主著『問いからはじまる歴史総合』（編集委員，東京法令出版 2022），『「見方・考え方」を育てる中学校歴史授業モデル』（分担執筆，明治図書 2019）。

## 社会科教育と群馬

2022年11月20日　第1版第1刷発行

|  |  |
|---|---|
| 編者 | 山口　幸男<br>佐藤　浩樹<br>植原　督詞<br>群馬社会科教育学会 |

発行者　田中　千津子

発行所　㈱学文社

〒153-0064　東京都目黒区下目黒3-6-1
電話　03（3715）1501 ㈹
FAX 03（3715）2012
https://www.gakubunsha.com

ISBN978-4-7620-3188-5